초등 그림책
문해력 교실

🌱 도움을 준 친구들

강다은	김지석	송유경	이현준	장유진	진예림
강승규	김현우	신아원	이현호	정민규	진유준
김도현	서미진	윤수현	장승기	조규연	
김동현	송아진	이시헌	장예린	조승연	

🌱 도움을 준 선생님

박선영 선생님
개성 넘치는 생각을 나눠 주고, 웃음과 재치가 넘치는 상상력으로 활동에 참여해 주셔서 감사합니다.
소중한 자료로 쓰겠습니다.

초등 그림책 문해력 교실
이론 편

초판 1쇄 인쇄 2025년 3월 12일
초판 1쇄 발행 2025년 3월 19일

지은이 송현지·김정화·최선영·김미경·윤지선·차혜경·정희정·성원주

발행인 장상진
발행처 (주)경향비피
등록번호 제2012-000228호
등록일자 2012년 7월 2일

주소 서울시 영등포구 양평동 2가 37-1번지 동아프라임밸리 507-508호
전화 1644-5613 | **팩스** 02) 304-5613

ⓒ송현지·김정화·최선영·김미경·윤지선·차혜경·정희정·성원주

ISBN 978-89-6952-612-0 03370

· 값은 표지에 있습니다.
· 파본은 구입하신 서점에서 바꿔드립니다.

초등 그림책
문해력 교실

초등 교과 과정에 맞춘 늘봄학교 문해력 활동 48

송현지·김정화·최선영·김미경·윤지선·차혜경·정희정·성원주 지음

이론 편

경향BP

　우리 아이들의 문해력은 지금 어느 정도 수준일까요? 문해력은 책을 읽고 내용을 이해하는 것뿐만 아니라 자신의 생각을 표현하고 타인의 의견을 받아들이는 능력까지 포함합니다. 그래서 아이들의 현재 수준을 잘 파악하고, 부족한 부분을 채우기 위한 노력이 필요합니다.

　아이들은 하루에도 수차례 문해력과 만나고 있습니다. 문자를 접하고 일상을 별 탈 없이 순조롭게 혼자의 힘으로 보내기 위해서는 문해력이 빠질 수 없으니까요.

　교실에서 만난 아이들은 정말 해맑고 순수했습니다. 맑은 눈으로 선생님을 향해 방실방실 웃었습니다. 이런 아이들에게 왜 문해력이 필요한지를 알려 주고, 어떻게 문해력을 키워 줄 수 있을까 고민하게 되었습니다.

　무엇보다 아이들이 그 웃음을 잃지 않으면서 문해력이 쑥쑥 자랄 수 있게 해 주고 싶었습니다. 그러려면 재미가 빠질 수 없고, 문턱이 낮아야 하며, 스스로 도전하고 싶은 욕구를 끌어내야 했습니다.

　그런 고민 끝에 나온 것이 '똑똑 문해력 활동지'입니다. 단순한 활동지가 아니라 문해력이 저절로 커지게 되는, 한 장이지만 수백 장의 가치가 담긴 활동지들입니다. 질문 하나하나, 글 쓰는 칸 하나하나, 글씨체까지 꼼꼼하게 점검하며 아이들의 눈으로 보고 생각하는 데 힘을 쏟았습니다.

이 책에는 아이들이 학교와 일상생활에서 자주 접하는 총 10가지 주제를 선정하여 각 4권씩 소개하고, 추가로 그 밖의 주제를 다룬 8권의 책을 소개했습니다. 다양한 주제의 그림책을 통해 자신의 경험이나 감정, 상황을 이해함으로써 문제 해결 능력과 창의적인 사고방식, 공감 능력, 사회성을 키울 수 있습니다.

　학교, 도서관 등 여러 기관을 비롯하여 집에서도 재미있고 쉽게 문해력을 키울 수 있으리라 굳게 믿습니다.

친구들을 응원하는
새미드니 선생님

차례

들어가며 _ 4
어휘 톡톡 - 그림책 단어 사전 _ 10

● 문해력이란? _ 21

1. 다 함께 교실

❶ 상자 속 친구 | 토닥토닥 상자 _ 24
❷ 무무의 선물 | 마음이 담긴 선물 _ 27
❸ 뭐든지 마트 | ○○의 특별함을 팝니다 _ 30
❹ 혼자도 좋지만 둘은 더 좋아 | 내 친구를 소개합니다! _ 32

2. 사계절 교실

❺ 할머니와 봄의 정원 | 특별 화전 레시피 / 봄봄 팔찌 _ 34
❻ 여름밤의 불청객 | 모기를 잡아라! / 모기를 피하는 방법! _ 38
❼ 낙엽 다이빙 | 낙엽 다이빙 선수를 소개합니다! / 낙엽 다이빙 대회 _ 41
❽ 와, 눈이다! | 찍찍 빙수집 _ 44

3. 호기심 교실

⑨ 따끔따끔 간질간질 느끼고 기억하고 | 따끔따끔 간질간질 _ 46
⑩ 1초 : 지금 이 순간 무슨 일이? | ○○의 지금 이 순간! _ 48
⑪ 그때, 나무 속에서는 | 그때, 나무 속에서는 _ 50
⑫ 뿔라스틱 | 플라스틱 천국, 플라스틱 지옥 _ 54

4. 모험 교실

⑬ 마음먹은 고양이 | 도전! 안경 _ 56
⑭ 그래도 꼭 해 볼 거야! | 할 수 있다! 할 수 있어! _ 58
⑮ 구두 디자이너 뱀 씨 | 구두를 만들어 드립니다! _ 60
⑯ 여행은 구구 항공 | 구구 항공 서비스 _ 62

5. 감정 교실

⑰ 좋아, 싫어 대신 뭐라고 말하지? | 니는 흥행해 _ 64
⑱ 오늘 내 마음은… | 오늘 내 기분은 _ 66
⑲ 감정 호텔 | 어서 오세요, 감정 호텔입니다! _ 68
⑳ 그 녀석, 슬픔 | 슬픔아, 잘 가! _ 71

6. 예술 교실

㉑ 맨드리 고운 고까옷 | 우리 전통 고까옷 _ 74
㉒ 미술관에 간 헨리 | 예술가 ○○의 방 _ 76
㉓ 나에게 정원이 있다면 | ○○의 정원 _ 80
㉔ 빈센트 반 고흐 | 오늘의 작품 감상 _ 82

7. 미래 교실

㉕ 정약용을 찾아라 | 암행어사 출두요 _ 84
㉖ 주황 조끼 | 조끼를 선물합니다 _ 86
㉗ 산타 할머니 | 나의 꿈은… _ 88
㉘ 미래에는 | 상상 직업 _ 90

8. 말놀이 교실

㉙ 명탐정 냥록 | 냥록에게 보내는 수수께끼 _ 92
㉚ 붙여 볼까? | 붙여 볼래? _ 94
㉛ 근데 그 얘기 들었어? | 그 소문 들었어? _ 96
㉜ 똥을 지배하는 자 2 | 똥행시 / 똥을 지배하는 자 _ 98

9. 행복 교실

㉝ 사랑은 123 | 사랑은 123 _ 101
㉞ 수줍은 괴물 조르지오 | 칭찬합니다 / 트로피 만들기 _ 103
㉟ 완벽한 크리스마스를 보내는 방법 | 완벽한 크리스마스 상자 _ 107
㊱ 우리 모두의 하루 | ○○의 하루 _ 111

10. 더불어 교실

㊲ 쿵쿵 아파트 | 쿵쿵 아파트 _ 113
㊳ 전쟁이 터졌대요! | 나비 전쟁 / 껍데기도 다시 보자! _ 115
㊴ 우리 동네는 접경 지역 | 우리 동네는 ○○지역 _ 118
㊵ 두 도시 아이 이야기 | 하나가 되기 위한 우리의 약속 _ 120

11. 특별 교실

㊶ 두근두근 1학년 새 친구 사귀기 | 친구 유형 테스트 / 두근두근 책가방 챙기기 _ 123
㊷ 태극기는 참 쉽다 | 알아봐요, 태극기! _ 128
㊸ 독도 바닷속으로 와 볼래? | 독도 바닷속으로 와 볼래? _ 132
㊹ 곤을동이 있어요 | 곤을동 바위에게 쓰는 편지 _ 136
㊺ 어서 와, 도서관은 처음이지? | 이 책을 추천합니다 _ 138
㊻ 돈이 왜 필요할까? | 돈돈 가로세로 퀴즈 _ 140
㊼ 저기요, 이제 그만해요! | 저기요, 지구에게 초록을 심어 주세요! _ 143
㊽ 공룡 놀이공원 : 캬오오스! 초대합니다 | 내가 메갈로 원장이라면! _ 147

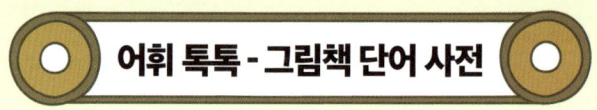

그림책을 읽다가 모르는 단어가 나온다면
'어휘 톡톡'을 찾아보세요!

1. 상자 속 친구

거세다	기세가 몹시 거칠고 세차다.
광대	가면극, 인형극, 줄타기, 땅재주, 판소리 따위를 하던 직업적 예능인을 통틀어 이르던 말
메마르다	물기가 없고 기름지지 않으며, 건조한 상태이다.
묘기	특별한 기술이나 재주로 사람들을 놀라게 하는 기술

2. 무무의 선물

그을리다	햇볕이나 불, 연기 등을 오래 쬐어 물건이나 피부가 검게 변하다.
집배원	우편물을 모아서 사람들에게 배달하는 사람
필터	액체나 기체 속의 이물질을 걸러 내는 장치

3. 뭐든지 마트

구별하다	서로 다른 것들을 보고, 그 차이를 알아내거나 나누다.
완벽	하나도 부족하거나 잘못된 부분이 없고, 아주 완전한 상태
외모	사람이나 사물이 겉으로 드러나 보이는 모습
유일함	오직 하나. 세상에 딱 하나밖에 없는 특별한 상태

4. 혼자도 좋지만 둘은 더 좋아

맞닥뜨리다	갑자기 어떤 사람이나 상황을 마주 대하거나 만나다.
질색하다	몹시 싫어하거나 꺼리다.

5. 할머니와 봄의 정원

꽃술	꽃의 수술과 암술을 함께 이르는 말
알로록달로록	여러 가지 밝은 색깔이 점이나 줄로 고르게 퍼져 있는 모양
익반죽	가루에 뜨거운 물을 넣어 반죽하는 방법. 주로 떡을 만들 때 쓰인다.
정원	집 안에 있는 작은 뜰이나 꽃밭
진달래 화전	찹쌀가루를 반죽한 뒤 진달래를 붙여서 기름에 지진 떡

6. 여름밤의 불청객

눈치채다	어떤 일에 대해 알지 못했지만 조금씩 알게 되거나 느낌으로 알아차리다.
불청객	초대하지 않았는데 스스로 찾아온 손님
진정	시끄럽고 혼란스러운 일이 조용해지거나 정리가 되는 것

7. 낙엽 다이빙

늠름하다	생김새나 태도가 의젓하고 당당하다.
맞아떨어지다	무엇이 딱 맞아서 부족하거나 넘치지 않다.
왈츠	3박자에 맞춰서 사람들이 원을 그리며 추는 춤
쾌적하다	기분이 좋고 상쾌한 느낌이 들어서 기분이 좋아지다.

9. 따끔따끔 간질간질 느끼고 기억하고

까슬까슬하다	물건이나 피부가 매끄럽지 않고 조금 뻣뻣하거나 거칠다.
장치	어떤 일을 잘할 수 있도록 만들어 놓은 방법이나 계획
찝찔하다	음식이 맛이 없고 조금 짜다.

10. 1초 : 지금 이 순간 무슨 일이?

나이테	나무의 줄기를 자르면 보이는 둥근 원 모양의 선. 나무가 자라면서 매년 새로운 층이 생기는데, 그 층들이 겹쳐져서 나이테처럼 보인다.
자전	별이나 행성 같은 천체가 자기 자신을 중심으로 도는 것
해면	'해면동물'이라고도 불리는 동물. 몸이 구멍이 많고, 물속에서 살면서 작은 음식물들을 걸러 먹는다.
진화	시간이 지나면서 생물이 조금씩 변해 가는 과정. 생물들이 점점 더 잘 살아갈 수 있도록 바뀌는 것

11. 그때, 나무 속에서는

겨울눈	식물의 가지 끝에 있는 작은 눈. 늦여름부터 가을 사이에 생겨 겨울을 넘기고 이듬해 봄에 자라는 싹
광합성	식물이 햇빛을 사용해서 공기 중의 이산화탄소와 물로 음식을 만드는 과정
미생물	눈으로는 볼 수 없는 아주 작은 생물. 보통 세균, 효모, 바이러스 등이 포함된다.
엽록소	식물이 초록색을 만드는 물질. 햇빛을 받아 식물이 음식을 만들 수 있도록 도와준다.
영양소	식물이나 동물이 건강하게 자라도록 도와주는 물질

12. 뿔라스틱

미세플라스틱	크기 5mm 이하의 작은 플라스틱
반려	생각이나 행동을 함께 하는 짝이나 동무
분자	각 물질의 화학적 성질을 가진 최소의 단위 입자
생존권	존재하거나 살아갈 권리. 인간의 기본적인 자연권의 하나이다.
폴리에틸렌 테레프탈레이트	석유나 석탄에서 나오는 물질을 이용해 만든 플라스틱 종류

13. 마음먹은 고양이

마음먹다	무엇을 할지 결심하고 마음을 다잡다.
여정	여행의 과정이나 일정
영광	빛나고 아름다운 명예
탐험	위험을 무릅쓰고 새로운 곳을 찾아가서 살펴보고 조사함

14. 그래도 꼭 해 볼 거야!

산기슭	산의 비탈이 끝나는 아랫부분
시큰둥하다	기분이 좋지 않거나 관심이 없어서 마냥 무관심하다.
우물쭈물	무엇을 해야 할지 분명하게 결정하지 못하고 자꾸 망설이거나 늦추는 모습

15. 구두 디자이너 뱀 씨

곡괭이	주로 땅을 파는 용도로 사용하는 도구
몽실몽실	구름이나 연기가 둥글둥글하게 뭉쳐서 가볍게 떠 있거나 떠오르는 듯한 모양
소문	사람들이 이야기하거나 들은 이야기가 다른 사람에게 전해지는 것
아로마	사람에게 이로운 식물의 향기

16. 여행은 구구 항공

기내식	비행기 안에서 승객이나 승무원에게 제공되는 식사, 음료, 간식
라운지	공항, 호텔, 극장에서 잠시 쉬어 갈 수 있는 곳이나 만남의 장소
일등석	비행기나 배에서 넓고 안락한 공간과 최고의 서비스가 제공되는 좌석
체크인	비행기를 타기 전에 공항에서 승객이 탑승 준비를 하는 것
탑승	배나 비행기, 차에 올라탐
터미널	항공, 열차, 버스 노선의 맨 끝 지점. 또는 많은 교통 노선이 모여 있는 역

17. 좋아, 싫어 대신 뭐라고 말하지?

심사	어떤 일을 잘했는지, 어떤 사람이 뽑힐지 등을 잘 살펴서 결정하는 것
은은하다	냄새가 진하지 않고 은근히 나다.
찝찝하다	무언가 마음에 걸리거나 기분이 개운하지 않고 불편하다.

18. 오늘 내 마음은…

혼란스럽다	무언가가 뒤죽박죽이어서 어떻게 해야 할지 몰라 어지럽고 정신이 없다.

19. 감정 호텔

수치심	다른 사람 앞에서 부끄럽거나 창피한 일이 있어서 떨리는 마음
외딴	홀로 떨어져 있는
자긍심	내가 한 일을 자랑스럽게 생각하고 뿌듯하게 느끼는 마음
죄책감	내가 잘못한 일을 해서 미안하고 마음이 불편한 느낌
지배인	주인을 대신하여 가게나 회사가 잘 돌아가게 책임지는 사람

20. 그 녀석, 슬픔

거북하다	몸이나 마음이 불편하고 어색하다.
건성	어떤 일을 성의 없이 대충 겉으로만 함
곪다	상처가 아프고 부풀어서 고름이 생기다.
단호하다	마음을 확실하게 정해서 더 이상 바꾸지 않겠다고 결심하다.
도리	사람이 어떤 입장에서 무엇을 해야 할지, 어떻게 해야 할지에 대한 올바른 방법
아늑하다	따뜻하고 포근하게 감싸 안기듯 편안하고 조용한 느낌이 있다.
안간힘	어떤 일을 이루기 위해서 몹시 애쓰는 힘
울컥하다	격한 감정이 갑자기 일어나다.

21. 맨드리 고운 고까옷

곤룡포	임금이 입던 정복
남바위	추위를 막기 위하여 머리에 쓰는 쓰개
댕기 머리	길게 땋아 끝에 댕기를 드린 머리
등채	전투에 필요한 장비를 갖출 때 쓰던 채찍
배자	추울 때 저고리 위에 덧입는, 주머니나 소매가 없는 옷
쓰개치마	예전에 부녀자가 나들이할 때 내외를 하기 위하여 머리와 몸 윗부분을 가리어 쓰던 치마
익선관	왕과 왕세자가 곤룡포를 입고 집무할 때 쓰던 관
전립	병자호란 이후 무관이나 사대부가 쓰던, 돼지털을 깔아 덮은 모자
족두리	부녀자들이 예복을 입을 때 머리에 얹던 관의 하나
쾌자	소매가 없고 등 부분이 길게 찢어진 옷. 명절이나 돌에 어린아이들이 입었다.
태사혜	남자의 마른 신. 비단이나 가죽으로 울(신발의 양쪽 가에 댄, 발등까지 올라오는 부분)을 하고, 코와 뒤축 부분에는 흰 줄무늬를 새겼다.
활옷	전통 혼례 때 새색시가 입는 예복

23. 나에게 정원이 있다면

무성하다	풀이나 나무가 자라서 우거지다.
소담하다	생김새가 탐스럽다.
자근자근	가볍게 누르거나 밟는 모양
조가비	조개의 껍데기

24. 빈센트 반 고흐

경매	물건을 사려는 사람이 여럿일 때 값을 가장 높이 부르는 사람에게 파는 일
변변찮다	제대로 갖추어지지 못하여 부족한 점이 있다.
소박하다	꾸밈이나 거짓이 없고 순수하다.
지지하다	어떤 일이나 의견에 힘을 쓰고 응원하다.

25. 정약용을 찾아라

나졸	지방 관아에 소속되어 범죄자를 단속하는 일을 하던 사람
누각	네 방향을 모두 볼 수 있도록 벽이 없고 높은 곳에 지은 집
마방	마구간을 갖춘 주막집
사또	일반 백성이나 하급 벼슬아치들이 자기 고을의 원님을 존대하여 부르던 말. 오늘날의 '군수'와 비슷한 직위이다.
암행어사	조선 시대의 비밀수사관
이방	지방 관아에서 사또를 곁에서 도우며, 인사 및 비서 따위에 관한 일을 하던 사람
주막	시골 길가에서 밥과 술을 팔고, 돈을 받고 나그네를 묵게 하는 집
출두	벼슬아치가 벼슬을 임명받고 그 직무를 수행하기 위하여 관아에 직접 나아가는 것

28. 미래에는

가상세계	컴퓨터 시스템 등을 사용해 인공적인 기술로 만들어 낸, 실제와 유사하지만 실제가 아닌 어떤 특정한 환경이나 상황 혹은 그 기술 자체
공존	여러 이상의 현상이나 사물이 서로 차별하지 않고 함께 사이좋게 섞여 사는 것
교감	말로 하지 않아도 서로의 감정이나 생각을 느끼는 것
인공지능(AI)	컴퓨터와 기계가 사람처럼 생각하고, 학습하며, 문제를 해결할 수 있게 하는 과학과 기술

29. 명탐정 냥록

명탐정	사건을 해결하는 능력이 뛰어나 이름이 널리 알려진 탐정
추억	지나간 일을 돌이켜 생각함. 또는 그런 생각이나 일

31. 근데 그 얘기 들었어?

산봉우리	산에서 뾰족하게 가장 높이 솟은 부분
파손 주의	물건이 깨지거나 망가지지 않게 조심하라는 뜻

32. 똥을 지배하는 자 2

냉이	특유의 향긋한 향이 나고, 쌉쌀한 맛이 나는 대표적인 봄나물
미각	인간이 가진 오감 중 입안의 혀에 위치한 감각으로 물질의 맛을 느끼는 것
밀물	바닷물이 육지 쪽으로 밀려오는 현상
스매싱	테니스·탁구·배구 따위에서 공을 네트 너머로 세게 내려치는 일
썰물	바닷물이 바다로 빠져나가는 현상
키위새	뉴질랜드의 국조. 날지 못하며, 다리가 짧고, 부리가 길다.

33. 사랑은 123

고요하다	움직임이나 흔들림이 없이 잔잔하다.
토라지다	기분이 나쁘거나 마음에 들지 않아서 화가 나거나 삐지다.

34. 수줍은 괴물 조르지오

궁리	어떤 문제를 해결하기 위해 깊이 생각하고 고민하는 것
변장	원래의 모습을 감추고 다른 모습으로 바꾸는 것
비결	어떤 일을 성공적으로 이루기 위한 특별한 방법이나 요령
최면	암시에 의하여 인위적으로 이끌어 낸, 잠에 가까운 상태

35. 완벽한 크리스마스를 보내는 방법

칼라하리 사막	아프리카 대륙에 있는 아주 큰 사막. 세계에서 모래가 가장 길게 뻗어 있는 곳이다.

37. 쿵쿵 아파트

다세대 주택	여럿이 사는 공동 주택

38. 전쟁이 터졌대요!

시위	사람들이 어떤 일을 반대하거나 요구하기 위해 모여서 길을 걷거나 목소리를 내는 것
아수라장	싸움이나 그 밖의 다른 일로 큰 혼란에 빠진 상태
전쟁	나라와 나라끼리 무력을 사용하여 싸우는 것
파업	하던 일을 멈추고 더 나은 조건을 요구하는 일

39. 우리 동네는 접경 지역

광경	벌어진 일의 형편과 모양
굉음	몹시 요란하게 울리는 소리
군사분계선	군대에서 전쟁 중에 두 나라가 싸우지 않도록 정해 놓은 선
접경 지역	두 나라의 경계가 서로 맞닿음. 또는 그 경계 지역
행렬	사람들이 줄을 서서 하나씩 차례대로 가는 모습

41. 두근두근 1학년 새 친구 사귀기

뜸을 들이다	말과 행동이 답답할 정도로 느리다.
얼떨결	뜻밖의 일을 갑자기 당하거나, 여러 가지 일이 너무 복잡하여 정신을 가다듬지 못하는 판
중강새	'중간이 새었다.'라는 의미로 앞니가 빠져 이의 중간이 새어 보인다는 뜻

42. 태극기는 참 쉽다

기운	생물이 살아 움직이는 힘. 눈에는 보이지 않으나 다른 감각으로 느껴지는 현상
평화	전쟁, 분쟁 또는 일체의 갈등이 없이 평온함. 또는 그런 상태

43. 독도 바닷속으로 와 볼래?

숱하다	아주 많다.
암초	바닷속에 숨어 있어서 배나 물고기들이 넘어갈 수 있는 바위나 산호
야무지다	어떤 사람이 일을 잘하고, 빈틈없이 확실히 하다.
터줏대감	오랫동안 한곳에서 일을 해 온 사람이나 오래 그 자리에 있었던 사람
플랑크톤	바다나 호수 같은 물속에서 떠다니는 아주 작은 생물
해저산	바다의 밑바닥에 있는 산. 모양은 대체로 원형이나 타원형이다.
흩날리다	바람에 의해 작은 것들이 여기저기 흩어지면서 날아가다.

44. 곤을동이 있어요

감물	덜 익은 감에서 나온 떫은맛이 나는 액체. 염료나 방부제로 쓴다.
너울거리다	물이나 천, 나뭇잎 같은 것이 부드럽고 느리게 움직이다.
무명	특별히 색깔이 없는, 흰색이나 약간 색이 바랜 천
밭담	제주도에서 밭의 가장자리에 돌을 쌓아서 만든 둑. 밭의 경계를 구분하고 바람에서 곡식을 보호하는 역할을 한다.
붙박이	어느 한 자리에 항상 그대로 있는 것
아낙	옛날에 '여자'나 '부인'을 부를 때 쓰는 말
애기구덕	'아기구덕'의 방언. 제주도에서 아기를 재울 때 쓰는 바구니
연자방아	둥글고 큰 돌판 위에 작은 돌을 세워서 소나 말을 사용해 곡식을 찧는 도구
폭도	큰 소란이나 폭동을 일으킨 사람들. 또는 그런 사람들이 모인 무리

46. 어서 와, 도서관은 처음이지?

간행물	책, 신문, 잡지처럼 사람들이 읽을 수 있도록 인쇄하여 만든 것
주민등록등본	사람의 이름, 생일, 주소 등을 적은 공식적인 서류
책등	책을 책꽂이에 꽂았을 때의 보이는, 책 제목 등이 쓰여 있는 옆면

47. 저기요, 이제 그만해요!

라구 소스	이탈리아에서 파스타와 함께 먹는 고기 소스. 고기와 채소를 넣고 오랜 시간 동안 끓여서 만든다.
스파클링	거품이 있는, 탄산이 들어 있는
탄산	이산화탄소가 물에 녹아서 생기는 약한 산

48. 공룡 놀이공원 : 카오오스! 초대합니다

골판	동물의 뼈처럼 딱딱하고 단단한 판
볏	닭이나 새 따위의 이마 위에 세로로 붙은 살 조각. 일부 공룡들의 머리 위에도 볏과 같은 특이한 구조물이 있었다.
아치	다리나 건물 문처럼 위가 둥글게 만들어진 구조

문해력이란?

1. 문해력의 정의

문해력은 단순히 글을 읽고 이해하는 능력에 그치지 않습니다. 이는 텍스트나 언어적 정보에 대한 이해와 해석을 바탕으로 비판적 사고와 창의적 사고를 발전시키는 능력을 포함합니다. 즉 문해력은 독해, 쓰기, 언어적 소통을 통한 사고의 확장과 깊이를 의미합니다.

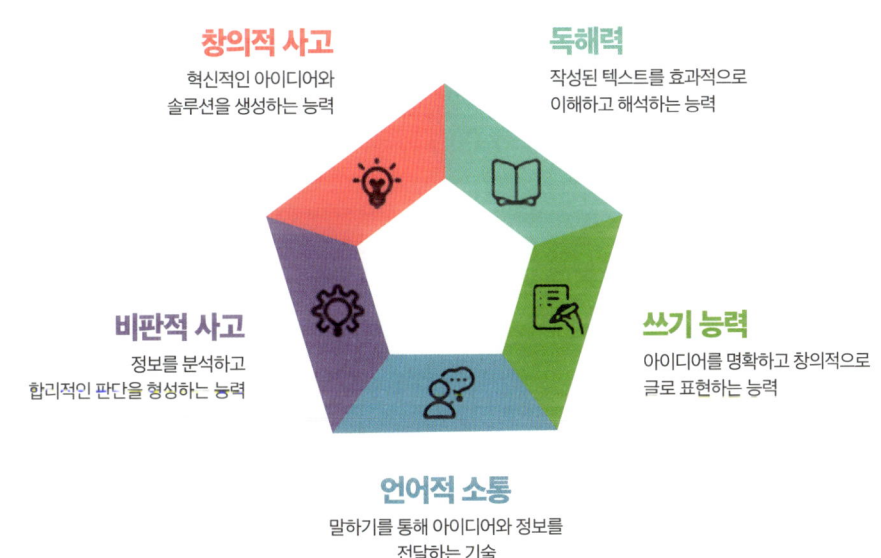

2. 초등학생에게 문해력이 중요한 이유

학습의 기초 : 문해력은 모든 학습의 기초입니다. 초등학교 시절에는 읽고 쓰는 능력을 기르는 것이 학습의 대부분을 차지합니다. 문해력이 높을수록 학생들은 다른 과목에서도 효과적으로 정보를 습득하고 이해할 수 있습니다. 예를 들어, 수학 문제를 풀 때도 문제를 정확히 읽고, 그 뜻을 이해하는 능력이 필요합니다.

비판적 사고의 발달 : 문해력을 바탕으로 학생들은 읽은 내용을 비판적으로 분석하고, 그 의미를 더 깊이 있게 이해할 수 있습니다. 이는 문제 해결 능력과 창의적 사고로 이어지며, 다양한 사회적·학문적 상황에서 중요한 역할을 합니다.

자기표현과 소통 능력 : 문해력은 학생들이 자신의 생각과 감정을 효과적으로 표현할 수 있도록 도와줍니다. 읽기와 쓰기는 단순히 언어적 소통을 넘어서, 학생들이 자신을 이해하고 타인과 소통하는 데 자신감을 가지게 만듭니다.

사회적 참여 : 문해력이 발달하면 학생들은 다양한 매체와 정보를 접하고, 이를 통해 사회와 문화에 대한 이해를 넓히게 됩니다. 사회적 문제나 가치관에 대한 탐구도 문해력에 기반을 둔 중요한 활동입니다. 예를 들어, 뉴스를 읽고 그 의미를 해석하고, 사회적 문제에 대해 의견을 나누는 데 필요한 능력이 바로 문해력입니다.

초등 교육에서 문해력의 다면적 중요성

- 초등 교육에서 문해력의 중요성
  - 학습의 기초
  - 비판적 사고의 발달
  - 자기 표현과 소통
  - 사회적 참여

3. 그림책을 통한 문해력 향상

그림책의 영향 : 그림책은 초등학생들이 문해력을 향상할 수 있는 매우 유용한 도구입니다. 그림책은 텍스트와 이미지를 동시에 제공하여 학생들이 이야기의 맥락을 더 잘 이해할 수 있도록 돕습니다. 이 과정에서 학생들은 상상력을 자극받고, 언어적 능력과 창의력을 동시에 기를 수 있습니다.

시각적 텍스트와 언어적 텍스트의 결합 : 그림책에서는 글과 그림이 서로 보완적으로 작용하여 학생들이 이야기를 더 깊이 이해할 수 있습니다. 그림은 문해력의 이해를 돕고, 텍스트는 문해력이 확장할 수 있도록 자극을 줍니다.

정서적 공감 능력 발달 : 그림책은 학생들이 다양한 감정을 경험하게 하여 감정 인식 및 공감 능력을 향상시킬 수 있습니다. 이는 사회성 발달에 중요한 역할을 합니다.

다 함께
교실

상자 속 친구

이자벨라 팔리아 글 | 파올로 프로이에티 그림 | 김지연 옮김 | 이야기공간

평화로운 숲속에 어느 날 이상한 상자 하나가 나타났어요. 동물 친구들은 호기심에 상자를 빨리 열어 보고 싶지만, 혹시 위험한 물건이 들어 있을지도 모른다는 생각에 두렵기도 해요. 상자가 흔들리기 시작하고 소리도 나고…. 상자 안에는 무엇이 들어 있을까요?

#상자 #우정 #배려 #용기 #친구 #두려움 #포기 #기다림

읽기 전에 생각해요
- (앞표지를 보고) 상자는 누가 가져다 놨을까요?
- 상자에는 무엇이 들어 있을까요?
- 상자를 바라보는 동물 친구들은 어떤 생각을 하고 있을까요?

읽고 나서 질문해요
- 상자 속 친구는 왜 나오지 못했나요?
- 상자 속 친구를 끝까지 기다려 준 이유는 무엇일까요?
- 상자 속 친구가 밖으로 나오게 하려면 어떻게 해야 할까요?
- 상자 속 친구를 밖으로 나오도록 한 힘은 무엇이었을까요?
- 내게 힘이 되는 말이 필요할 때는 언제인가요?

읽고 나서 함께해요
- 토닥토닥 상자

함께 읽어 보면 좋은 책
- 『소피의 달빛 담요』 에일린 스피넬리 글, 제인 다이어 그림, 김흥숙 옮김, 파란자전거
- 『완벽한 계란 후라이 주세요』 보람 글·그림, 길벗어린이
- 『난로 앞에서』 스즈키 마모루 글·그림, 유지은 옮김, 여유당
- 『다람쥐 가방』 나세 글·그림, 반달

똑똑 문해력 활동지

토닥토닥 상자

상자가 열리려면
어떤 말을 넣으면 좋을까요?

| 날짜 | 6월 9일 | 이름 | 조규연 |

토닥토닥 상자 만들기

다 함께 교실

무무의 선물

천송이 만그루 글·그림 | 고래뱃속

어느 날 무 마을에 사는 무무가 당근 마을에 사는 당당이의 생일 파티 초대장을 받았습니다. 단짝 친구 당당이에게 정말 근사한 선물을 주고 싶었던 무무는 당당이처럼 당근으로 변신하기로 결심합니다. 마침내 감쪽같이 당근이 된 무무는 설레는 마음으로 당당이네 생일 파티를 찾아갑니다. 과연 당당이는 무무를 보고 어떤 반응을 보였을까요?

#친구 #행복 #선물 #생일 #우정

읽기 전에 생각해요
- (앞표지를 보고) 무무는 누구일까요?
- 선물 상자를 들고 있는 친구는 누구일까요?
- 상자 안에 어떤 선물이 들어 있을까요?

읽고 나서 질문해요
- 무무가 당당이에게 주려고 했던 생일 선물은 무엇이었나요?
- 무무는 선물을 고를 때 왜 고민했을까요?
- 당당이는 무무에게 어떤 선물을 준비했을까요?
- 그동안 받았던 선물 중에서 가장 기억에 남는 선물은 무엇인가요?
- 소중한 친구에게 어떤 선물을 해 주고 싶나요?

읽고 나서 함께해요
- 마음이 담긴 선물

함께 읽어 보면 좋은 책
- 『해피버쓰데이』 백희나 글·그림, 스토리보울
- 『우리 할머니는 100살이에요』, 에이미 챈 글, 안젤라 페리니 그림, 홍언미 옮김, 웅진주니어
- 『할머니를 위한 완벽한 선물』, 레인 스미스 글·그림, 하정희 옮김, 바람의아이들
- 『오찍이』, 정은정 글, 김윤경 그림, 파란자전거
- 『알쏭달쏭 생일 편지』, 에릭 칼 글·그림, 서남희 옮김, 시공주니어

🌼 **똑똑 문해력 활동지**

★ 오려서 사용하세요.

03 뭐든지 마트

다 함께 교실

상자 글 | 비비테 그림 | 꼬마이실

'뭐든지 마트'가 새로 생겼어요. 이 신기한 이름의 마트에는 정말 없는 게 없어요. 먹으면 잘생겨지는 '잘생김', 팔목에 두르면 불끈불끈 힘이 솟는 '힘이 불끈', 키가 자라는 신비한 '키가 쑥쑥' 떡까지…. 그런데 다음 날, 시율이네 학교가 발칵 뒤집혔어요. 시율이네 반 친구가 잘생김을 먹고 정말 잘생겨져서 나타난 거예요. 사람들은 뭐든지 마트의 특별한 물건들을 사기 위해 몰려갔어요. 과연 이 특별한 물건들은 정말 효과가 있는 걸까요?

#외모 #개성 #자존감 #완벽 #만족 #마트

읽기 전에 생각해요
- (앞표지를 보고) 마트 이름을 왜 '뭐든지 마트'로 지었을까요?
- 아이들은 뭐든지 마트에서 무엇을 샀을까요?
- 뭐든지 마트에서 내가 사고 싶은 물건은 무엇인가요?

읽고 나서 질문해요
- 주변 사람들의 얼굴이 모두 비슷해지면 어떤 일이 생길까요?
- 만약 내가 시율이라면 유일함에 어떤 사진을 넣을 건가요?
- 내가 뭐든지 마트 사장님이라면 어떤 물건을 팔면 좋을까요?
- 나만이 가지고 있는 특별한 점은 무엇인가요?

읽고 나서 함께해요
- ○○의 특별함을 팝니다

함께 읽어 보면 좋은 책
- 『두근두근 빵 축제!』 노시 사야카 글·그림, 윤수정 옮김, 키즈바이브
- 『내 안에는 뭐가 있을까?』 홍성례 글·그림, 노란돼지
- 『소라빵 엉덩이는 어느 쪽?』 츠카모토 유지 글·그림, 황진희 옮김, 노는날
- 『냥이씨의 유쾌한 미용실』 박혜선 글, 송선옥 그림, 주니어RHK
- 『브로콜리지만 사랑받고 싶어』 별다름, 달다름 글, 서영 그림, 키다리

똑똑 문해력 활동지

승기 의 특별함을 팝니다

보기처럼 나의 특별함을 찾아 보석에 넣어보세요.

보기: 계속 도전하는 용기 / 자신감 / 화 금방 풀기 / 넓은 마음

- 끈기
- 긍정적인 생각
- 환한 미소
- 여유롭다
- 자신감

| 날짜 | 5월 16일 | 이름 | 장승기 |

다 함께 교실

혼자도 좋지만 둘은 더 좋아

스티브 스몰 글·그림 | 안지원 옮김 | 봄의 정원

오리는 비를 싫어하고 혼자서 책 보는 걸 좋아해요. 반대로 개구리는 비를 좋아하고 여기저기 돌아다니는 걸 좋아해요. 비바람이 불던 어느 밤, 길을 잃은 개구리가 오리집에 찾아왔어요. 그리고 둘은 함께 살게 되었어요. 서로 너무나 다른 둘에겐 앞으로 어떤 일들이 벌어질까요? 둘은 아웅다웅 원수가 될까요, 알콩달콩 친구가 될까요?

#다름 #인정 #존중 #친구 #배려

읽기 전에 생각해요
- (앞표지를 보고) 오리와 개구리는 어떤 사이일까요?
- 오리와 개구리는 무엇을 하고 있을까요?
- 오리와 개구리의 기분은 어때 보이나요?

읽고 나서 질문해요
- 오리가 개구리에게 선물한 것은 무엇인가요?
- 물을 싫어하는 오리가 비바람이 치는 날 개구리를 찾아 나선 이유는 무엇이었나요?
- 오리는 왜 지붕에 난 구멍에 창문을 달았을까요?
- 자신을 위해 지붕에 창문을 만들어 준 오리를 보고 개구리는 어떤 마음이 들었을까요?
- 너무나 다른 둘이 친구가 될 수 있었던 비결은 무엇일까요?

읽고 나서 함께해요
- 내 친구를 소개합니다!

함께 읽어 보면 좋은 책
- 『수다쟁이 고양이 바바』 조시 피케 글, 대런 파튼 그림, 정명호 옮김, 작가와비평
- 『베티와 플라망고』 다니엘 프로스트 글·그림, 이세진 옮김, 보림
- 『수다쟁이 감감이』 천송이 만그루 글·그림, 고래뱃속
- 『콩나물』 정은선 글·그림, 반달

똑똑 문해력 활동지

내 친구를 소개합니다!

꽃잎의 가운데에는 친구의 이름을 쓰고,
꽃잎에는 게임에서 나온 질문의 답을 써주세요.

사계절 교실

할머니와 봄의 정원

강혜영 글·그림 | 팜파스

할머니의 정원에는 어느새 봄꽃들로 가득해요. 봄 햇살을 닮은 민들레와 설아가 좋아하는 진달래꽃 위로 노란 나비들이 팔랑팔랑 날고 있어요. 오늘은 할머니와 함께 특별히 가을에 만나게 될 꽃들의 씨앗을 심을 거예요. 봄을 지나 가을이 되면 또 어떤 꽃들이 할머니의 정원에 피어날까요? 한 가지 더! 설아와 할머니는 진달래꽃으로 맛있는 요리를 만들 거예요. 어떤 요리일지 궁금하죠?

#봄 #정원 #할머니 #요리 #계절 #봄꽃

읽기 전에 생각해요
- (제목을 가리고) 어떤 계절이 떠오르나요?
- 봄에 볼 수 있는 꽃은 무엇이 있나요?
- '봄' 하면 떠오르는 색이 있나요?

읽고 나서 질문해요
- 추운 겨울에서 따뜻한 봄이 되었을 때 어떤 기분이 드나요?
- 봄을 맛으로 표현한다면 어떤 맛일까요?
- 봄의 정원을 꾸민다면 어떻게 꾸미고 싶나요?
- 봄에게 마음을 전한다면, 어떤 말을 하고 싶나요?

읽고 나서 함께해요
- 특별 화전 레시피
- 봄봄 팔찌

함께 읽어 보면 좋은 책
- 『벚꽃 팝콘』 백유연 글·그림, 웅진주니어
- 『목련 만두』 백유연 글·그림, 웅진주니어
- 『봄의 입맞춤』 하선영 글, 손영경 그림, 작은코도마뱀
- 『봄은 어디쯤 오고 있을까 : 궁금해요 봄!』 고상한 그림책 연구소 글, 고순정 그림, 상상의집
- 『춤바람』 박종진 글, 송선옥 그림, 소원나무

똑똑 문해력 활동지 1

특별 화전 레시피

날짜: 4월 12일   이름: 송아진

나만의 특별한 화전 레시피를 만들어 보세요.
참! 특별한 재료를 넣는 것을 잊지마세요! (예: 행복, 사랑, 용기 등등)

화전 이름
네잎 호호 화전

필요한 재료
네잎 클로버 5장
찹쌀 가루
초코시럽

특별 재료
호호 웃음 천 개

만드는 방법

1. 깨끗하게 씻은 네잎 클로버 준비!!

2. 찹쌀가루에 뜨거운 물과 호호 웃음 500개 넣고 반죽을 한다.

3. 반죽을 적당한 크기로 떼서 동그란 모양으로 만든다.

4. 프라이팬에 기름을 두르고 반죽을 올린 뒤, 그 위에 꽃을 올린다.

5. 초코시럽 + 웃음 500개 넣은 특별 시럽을 준비한다.

6. 접시에 담아 친구 지우랑 호호 웃으며 먹는다.

🌸 **똑똑 문해력 활동지 2**

여름밤의 불청객

사계절 교실

이갑규 글·그림 | 제제의숲

여름밤에 윙윙대는 소리와 물린 후 피부 가려움증으로 우리를 괴롭히는 모기! 여름 하면 떠오르고, 철마다 언제나 '짜잔' 하고 나타나는 골칫덩이 모기를 악어 킬라와 함께 잡아 봐요. 과연 모기는 어디에 있을까요? 집중해서 관찰하고, 있을 법한 곳을 예상하지 않으면 찾기 힘들 거예요. 무더운 여름밤, 모기를 찾아 떠나는 한밤의 체험. 모기, 너! 내가 꼭 잡고야 만다!

#여름 #모기 #밤 #곤충 #더위 #불청객

읽기 전에 생각해요
- '여름' 하면 떠오르는 것은 무엇인가요?
- 여름밤의 불청객은 누구일까요?
- (앞표지를 보고) 악어의 볼이 왜 빨갛게 부어 있을까요?
- 더운 여름철, 가장 신나는 추억은 무엇인가요?

읽고 나서 질문해요
- 모기는 킬라의 집에 어떻게 들어왔나요?
- 모기는 왜 우리를 물까요?
- 킬라는 모기를 어떻게 잡았나요?
- 내가 킬라라면 모기를 어떻게 잡을까요?

읽고 나서 함께해요
- 모기를 잡아라!
- 모기를 피하는 방법!

함께 읽어 보면 좋은 책
- 『모기와 춤을』 하정산 글·그림, 봄개울
- 『앵』 천준형 글·그림, 노란돼지
- 『긁적긁적』 손영목 글·그림, 담푸스
- 『모기 잡는 책』 진경 글·그림, 고래뱃속
- 『꽁지 닷 발 주둥이 닷 발』 서정오 글, 김성민 그림, 보리

똑똑 문해력 활동지 1

똑똑 문해력 활동지 2

모기를 피하는 방법!

날짜: 7월 29일   이름: 장유진

모기를 효과적으로 피할 수 있는 특별한 발명품을 개발해주세요!

발명품 이름: 버블버블

커다랗고 동그란 버블 텐트.

모기가 절대 뚫을 수 없음.

단, 1시간 뒤 터짐 주의!

발명품 이름: 계피 쿠키

계피 쿠키를 먹으면 몸에서 계피 냄새가 풍겨서 모기가 절대 물지 않음

발명품 이름: 무지개 빗자루

모기가 싫어하는 소리와 무지개 빛 불빛을 내뿜는 빗자루.

태양열을 사용해서 오래 쓸수 있음.

사계절 교실

낙엽 다이빙

강은옥 글·그림 | 위즈덤하우스

고소한 가을바람이 솔솔 불어와요. 해마다 가을이 되면 나뭇잎들의 특별한 축제가 열려요. 고추잠자리는 힘차게 날아올라 축제의 시작을 알려요. 나뭇잎들은 초록 이파리가 곱게 물들도록 오늘만을 손꼽아 기다렸습니다. 가장 멋지게 해내는 1등 낙엽에게는 아주 특별한 선물이 주어지거든요. 나뭇잎들의 특별한 축제, 낙엽 다이빙 대회를 시작해 볼까요?

#가을 #낙엽 #다이빙 #나뭇잎 #축제 #놀이

읽기 전에 생각해요
- '가을' 하면 어떤 것들이 떠오르나요?
- (앞표지를 보고) 어떤 친구들이 있나요?
- 낙엽들은 무엇을 하고 있나요?
- 가을 낙엽을 가지고 놀아 본 경험이 있나요?

읽고 나서 질문해요
- 낙엽들은 무엇을 했나요?
- 낙엽이 우수수 내 머리에 떨어진다면 기분이 어떨까요?
- 제목을 다시 지어 본다면 어떻게 지을까요? (낙엽 ○○○)
- 내가 생각하는 낙엽 다이빙 1등 선수는 누구인가요?

읽고 나서 함께해요
- 낙엽 다이빙 선수를 소개합니다!
- 낙엽 다이빙 대회

함께 읽어 보면 좋은 책
- 『나뭇잎을 찾으면』 에이미 시쿠로 글·그림, 서남희 옮김, 피키주니어
- 『가을이 오리』 한연진 글·그림, 보림
- 『바스락바스락, 가을이에요!』 엘렌 델라어 글, 안나 린드스텐 그림, 꿈틀 옮김, 키즈엠
- 『늦가을의 골칫덩이』 이갑규 글·그림, 제제의숲
- 『반짝, 가을이야』 하선영 글, 황지원 그림, 작은코도마뱀

똑똑 문해력 활동지 2 - 낙엽 다이빙 대회

08 사계절 교실

와, 눈이다!

김리라 글·그림 | 올리

겨울이 왔어요. 눈 내리는 날을 누구보다 기다리는 친구들이 있어요. 눈이 오면 눈사람을 만들고, 눈싸움을 하며, 썰매를 타는 등 다양한 눈놀이를 할 수 있지요. 그런데 생쥐들이 눈을 기다리는 이유는 조금 달라요. 특별한 날에만 만날 수 있는 소중한 친구를 맞이하기 위해 분주하게 준비하는 생쥐들의 모습을 볼 수 있어요. 생쥐들의 소중한 친구는 누구일까요?

#겨울 #놀이 #눈사람 #축제 #계절 #눈 #생일 #축하

읽기 전에 생각해요
- 눈으로 어떤 놀이를 해 봤나요?
- (앞표지를 보고) 생쥐들은 무엇을 하고 있나요?
- (뒤표지를 보고) 생쥐들은 누구를 기다릴까요?

읽고 나서 질문해요
- 생쥐들은 눈으로 무엇을 만들었나요?
- 생쥐들은 누구의 생일을 축하해 주었나요?
- 생일을 맞은 눈사람에게 어떤 선물을 주고 싶나요?
- 눈사람에게 주고 싶은 나만의 빙수를 꾸민다면 어떻게 표현하고 싶은가요?

읽고 나서 함께해요
- 찍찍 빙수집

함께 읽어 보면 좋은 책
- 『눈 극장』 아라이 료지 글·그림, 황진희 옮김, 피카주니어
- 『산타 할아버지의 첫 크리스마스』 맥 바넷 글, 시드니 스미스 그림, 김지은 옮김, 책읽는곰
- 『겨울 이불』 안녕달 글·그림, 창비
- 『눈이 오는 소리』 천미진 글, 홍단단 그림, 키즈엠
- 『아빠의 겨울 레시피』 이소라 글·그림, 국민서관

똑똑 문해력 활동지

찍찍 빙수집

날짜: 11월 2?일 이름: 신아원

겨울을 기다려 빙수를 만든 생쥐들처럼 특별한 겨울 빙수를 만들어주세요.

빙수 이름: 쌍둥 빙수

빙수의 특별한 능력을 써주세요.

원하는 것을 그 자리에서 바로 복사 할 수 있다.

호기심 교실

따끔따끔 간질간질 느끼고 기억하고

라주 글 | 스가와라 게이코 그림 | 전정옥 옮김 | 바둑이하우스

우리는 눈으로 보고, 귀로 듣고, 손으로 만지고, 코로 냄새를 맡고, 피부로 감촉을 파악하며 '느낍니다'. 느낀다는 건 세상을 알아간다는 의미이며, 느끼며 배운 것을 기억하면 이제껏 배운 것보다 더 많은 것을 폭넓게 배울 수 있습니다. 느낄 수 있다면 위험으로부터 스스로 안전하게 지켜 내기도 하고, 좋은 기억들을 모아 평생 기분 좋게 저장하기도 합니다. 우리의 모든 순간은 '느끼며' 만들어지고, 완성되어 가는 것이지요.

#피부 #감촉 #오감 #우리몸 #인체

읽기 전에 생각해요

- (앞표지를 보고) 아이는 무엇을 하고 있나요?
- '느끼다'는 것은 무엇일까요?
- 감각은 우리 몸 중 어디에서 느낄 수 있을까요?

읽고 나서 질문해요

- 우리 몸은 어떤 것들을 느끼고 있나요?
- 느낄 수 있어 도움이 된 것은 무엇인가요?
- 느낄 수 있어 불편한 것들은 무엇인가요?
- 오감(시각, 청각, 촉각, 미각, 후각) 중 어느 것이 가장 중요하다고 생각되나요?
- 오감(시각, 청각, 촉각, 미각, 후각) 중 하나라도 느낄 수 없으면 어떨까요?
- 오늘 내가 느낀 오감은 무엇인가요?

읽고 나서 함께해요

- 따끔따끔 간질간질

함께 읽어 보면 좋은 책

- 『무엇이든 할 수 있는 손 손 손』 정연경 글, 김지영 그림, 책속물고기
- 『신비로운 인체』 엘렌 드뤼베르 글·그림, 이정아 옮김, 비룡소
- 『내 몸이 궁금해요』 해바라기 글, 심은경 그림, 토피
- 『아홉 살 느낌 사전』 박성우 글, 김효은 그림, 창비

똑똑 **문해력 활동지**

따끔따끔 간질간질

날짜 12월 10일   이름 조승연

오늘 하루 내가 느낀 감각을 생각하며 적어보세요.

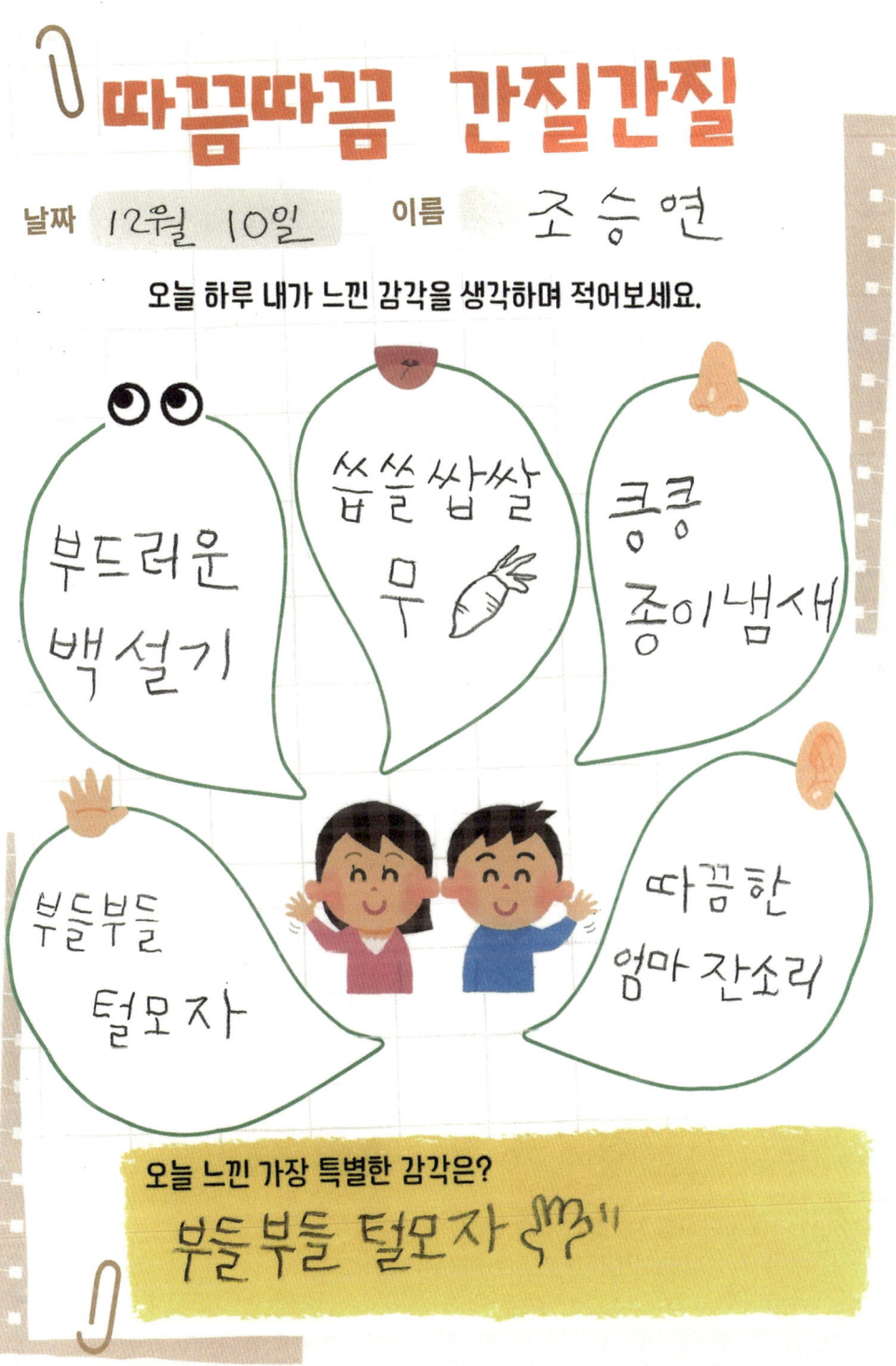

- 부드러운 백설기
- 씁쓸 쌉쌀 무
- 콩콩 종이냄새
- 부들부들 털모자
- 따끔한 엄마 잔소리

오늘 느낀 가장 특별한 감각은?
부들부들 털모자

호기심 교실

1초 : 지금 이 순간 무슨 일이?

솔레다드 로메로 마리뇨 글 | 카롤리나 몬테루비오 그림 | 김미경 옮김 | 풀빛

1초면 우주에 4천 개의 새로운 별이 탄생하고, 1분이면 지구가 태양 둘레를 1,785킬로미터 돌아요. 1초, 1분, 1년 그리고 더 긴 시간 동안 세상에서는 어떤 일들이 일어날까요? 1초! 세상의 모든 일이 일어나는 시간! 시계의 초침이 째깍하고 한 칸 옮겨 가는 시간 1초. 그 짧은 시간 동안에 무슨 일을 할 수 있을까요?

#1초 #시간 #순간 #짧은시간 #긴시간

읽기 전에 생각해요
- (제목을 가리고) 어떤 그림들이 그려져 있나요?
- 1초 동안 무엇을 할 수 있을까요?
- 오늘 나에게 무슨 일이 있었나요?

읽고 나서 질문해요
- 1초(1분, 1시간, 하루, 일주일, 한 달 등) 동안 무슨 일이 일어났나요?
- 가장 기억에 남는 순간은 언제였나요?
- 나는 1초, 1분, 1시간, 하루 동안 무엇을 할 수 있을까요?

읽고 나서 함께해요
- ○○의 지금 이 순간!

함께 읽어 보면 좋은 책
- 『단 1초 동안에』 스티브 젠킨스 글·그림, 홍한별 옮김, 토토북
- 『1초마다 세계는』 브뤼노 지베르 글·그림, 권지현 옮김, 미세기
- 『조금만 기다려』 레이첼 윌리엄스 글, 리오니 로드 그림, 이원경 옮김, 아이스크림미디어
- 『도전 1분』 히어 디자인 글·그림, 한림출판사
- 『같은 시간, 다른 순간』 황성혜 글·그림, 달그림

똑똑 문해력 활동지

11 호기심 교실

그때, 나무 속에서는

김성은 글 | 이승원 그림 | 우수영 감수 | 책읽는곰

초록빛 나뭇잎이 알록달록하게 변하고, 바삭바삭 낙엽 위로 포근한 첫눈이 내리기까지! 계절이 바뀌는 동안 도대체 나무 속에서는 무슨 일이 벌어지고 있을까요? 나무는 어떻게 초록빛 잎을 피우고, 추운 겨울을 나고, 봄이면 마른 가지에서 새순을 틔울까요? 우리 곁에 가까이 있지만 잘 몰랐던 나무에 대해 알아봐요.

#나무 #식물 #생태 #겨울나기 #수수께끼

읽기 전에 생각해요
- (앞표지를 보고) 나무는 어떤 모습인가요?
- 나무 말고 무엇이 보이나요?
- 그때는 언제를 말하는 걸까요?
- 제목이 왜 '그때, 나무 속에서는'일까요?

읽고 나서 질문해요
- '나무가 뾰족뾰족 초록 부리로 햇빛을 쪼아 먹을 때'는 어느 때인가요?
- '나무가 뾰족뾰족 초록 부리로 햇빛을 쪼아 먹는 것'은 무엇을 말하는 걸까요?
- 나무가 겨울을 준비하는 모습을 수수께끼로 만든다면 어떻게 할 수 있을까요?
- 나무는 어떤 순서로 겨울을 맞을 준비를 하나요?
- 겨울을 준비하는 나무에게 어떤 말을 해 주고 싶나요?

읽고 나서 함께해요
- 그때, 나무 속에서는

함께 읽어 보면 좋은 책
- 『맨 처음 식물공부』 안도현 글, 정창현 그림, 다산어린이
- 『봄 여름 가을 겨울의 보물찾기』 야하라 유코 글·그림, 이중현 옮김, 춘희네책방
- 『식물여행』 애너벨 그리핀 글, 타르다 보르스봄 그림, 조은영 옮김, 지구별어린이
- 『나무와 함께하는 한 해』 발렌티나 레브리니 글, 이레네 페나치 그림, 재능교육
- 『신비한 식물 사전』 아드리엔 바르망 글·그림, 이한음 옮김, 보림

똑똑 문해력 활동지

호기심
교실

뿔라스틱

김성화, 권수진 글 | 이명하 그림 | 만만한책방

플라스틱은 과학자의 위대한 발명품이에요. 녹슬지 않고, 깨지지 않고, 가볍고, 유연한 속성으로 그 어떤 재료도 대신하지 못하는 마법의 재료가 되어 인류에게 편리함과 아름다움과 상상력과 시간을 선물해 주었어요. 먼 훗날 인류 문명의 역사는 어쩌면 플라스틱 전 시대와 플라스틱 후 시대로 나뉠지도 몰라요. 이렇게 위대한 발명품이 어떻게 지구의 골칫거리가 되었을까요?

#플라스틱 #반려 #뿔라스틱 #미세플라스틱 #페트 #석유찌꺼기

읽기 전에 생각해요
- 딱딱하고 부스럭거리고 푸석하고 폭신하고 투명하고 쭉 늘어나는 것은 무엇일까요?
- (앞표지를 보고) '뿔라스틱'이란 무엇일까요?
- 반려 플라스틱이란 무엇일까요?

읽고 나서 질문해요
- '뿔라스틱'은 어떤 의미인가요?
- 플라스틱은 무엇으로 만들어진 건가요?
- 미세플라스틱이 무서운 이유는 무엇인가요?
- 플라스틱이 기자 회견을 한 이유는 무엇인가요?
- 플라스틱이 말하는 이 책 내용과 어울리는 속담은 무엇이었나요?
- 여러분이라면 플라스틱에게 어떤 말을 하고 싶나요?

읽고 나서 함께해요
- 플라스틱 천국, 플라스틱 지옥

함께 읽어 보면 좋은 책
- 『바다거북이 장례식』 고영미 시, 김혜원 그림, 도토리숲
- 『반짝이는 돌 씨글라스』 이선 글·그림, 푸른숲주니어
- 『플라스틱 수프』 김숙분 글, 이소영 그림, 가문비어린이
- 『작지만 위험한 빨대』 엘리프 요낫 토아이 글, 감제 세렛 그림, 장비안 옮김, 춘희네책방
- 『아주 이상한 물고기』 나오미 존스 글, 제임스 존스 그림, 김세실 옮김, 을파소
- 『플라스틱 인간』 안수민 글, 이지현 그림, 국민서관

똑똑 문해력 활동지

플라스틱 천국, 플라스틱 지옥
플라스틱을 사용하는 것에 찬성하나요? 반대하나요?

날짜: 2월 10일 이름: 송유경

찬성 VS 반대

찬성
1. 편리하다.
2. 튼튼해서 잘 깨지지 않아서
3. 우리가 예쁜 옷을 입을 수 있다.
4. 간편해서 가지고 다닐 수 있다.
5. 별로 녹슬지 않아서 오래 쓸 수 있다.

반대
1. 지구가 오염이 된다.
2. 우리가 플라스틱를 많이 쓸수록 바다가 플라스틱 섬으로 변해서.
3. 우리가 암 같은 병이 걸린다.
4. 0세 플라스틱이 되어서 우리몸에 쌓인다.

결론 이제 나는 플라스틱을 적당히 쓰고 분리수거를 잘 할 것이다.

13 모험 교실

마음먹은 고양이

강경호 글 | 다나 그림 | 나무말미

실컷 잠을 자고 이제 막 깨어나 기지개를 켜는 고양이가 있어요. 기지개를 켜고, 뒹굴뒹굴하는 모습이 여느 고양이와 다를 바가 없는데요. 이 고양이는 평범하지만 남다른 고양이예요. 바로 '마음먹은 고양이'거든요. 마음먹은 고양이가 맨 먼저 마음먹은 건 무엇일까요? 모든 일은 마음먹기에 달려 있어요. 마음먹은 고양이처럼 이 마음도 저 마음도 골고루 먹어 봐요!

#마음먹기 #시도 #모험 #기다림 #목적지 #생각 #꿈

읽기 전에 생각해요
- (앞표지를 보고) 고양이는 무엇을 보고 있나요?
- 고양이는 어떤 마음을 먹었을까요?
- 한 번도 해 본 적 없는 일을 할 때 어떤 마음을 먹나요?

읽고 나서 질문해요
- 마음먹은 고양이가 맨 먼저 무슨 일을 했나요?
- 마음먹은 일이 잘 안 될 때는 고양이는 어떻게 했나요?
- 마음을 잘 먹으려면 어떻게 해야 하나요?
- 마음먹었을 때 떠오르는 일이 있다면 어떻게 했나요?
- 마음먹은 일이 잘되게 하려면 어떻게 해야 할까요?

읽고 나서 함께해요
- 도전! 안경

함께 읽어 보면 좋은 책
- 『잘했어, 쌍둥이 장갑!』 유설화 글·그림, 책읽는곰
- 『준비 끝! 떠나자』 제랄드 게를레 글·그림, 박선주 옮김, 책과콩나무
- 『화살표』 히라타 도시유키 글·그림, 황진희 옮김, 호호아
- 『우리, 섬에 가 보자!』 김민우 글·그림, 문학동네

똑똑 문해력 활동지

도전! 안경

마음만 먹으면 뭐든 다 할 수 있대요. 오늘은 어떤 도전을 해볼까요?

파프리카 먹기 도전!!

쌩쌩이 100개 도전!

자전거로 부산 가기

캠핑카로 세계일주 하기

14 모험 교실

그래도 꼭 해 볼 거야!

킴 힐야드 글·그림 | 장미란 옮김 | 책읽는곰

파리 윙윙에게는 엄청난 계획이 있어요. 두 다리로 걸어서 산꼭대기에 오르기! "파리가 왜 걸어서 산을 올라?" 친구들은 고개를 내젓지만, 윙윙은 포기할 생각이 없어요. 과연 윙윙의 계획은 이루어질까요? 자신감이 부족한 어린이들에게 '할 수 있다.'는 자신감과 용기를 북돋아 주는 그림책이에요.

#용기 #자신감 #상상 #도전 #마음먹기 #계획 #믿음 #격려 #응원

읽기 전에 생각해요
- (앞표지를 보고) 산 위에 누가 있나요?
- "난 할 수 있어!"라고 합니다. 무엇을 하고 싶을까요?
- 요즘 내가 꼭 하고 싶은 것은 무엇인가요?

읽고 나서 질문해요
- 작은 파리 윙윙의 꿈은 무엇인가요?
- 윙윙이 큰 꿈을 꿀 때 친구들은 뭐라고 했나요?
- 안 된다는 말에 흔들리지 말고 어떤 말에 귀 기울이라고 했나요?
- 힘들어 포기하고 싶을 때 윙윙은 어떻게 했나요?
- 꿈을 이루려면 어떻게 해야 하나요?
- 무언가 도전하는 친구에게 해 줄 수 있는 응원의 말이나 행동은 무엇이 있을까요?

읽고 나서 함께해요
- 할 수 있다! 할 수 있어!

함께 읽어 보면 좋은 책
- 『작은 눈덩이의 꿈』 이재경 글·그림, 시공주니어
- 『괜찮아, 방법이 있어』 강밀아 글, 김효찬 그림, 월천상회
- 『수염왕 오스카』 김수완 글, 김수빈 그림, 옐로스톤
- 『똑똑한 쿠키』 조리 존 글, 피트 오즈월드 그림, 김경희 옮김, 길벗어린이

🌸 **똑똑 문해력 활동지**

할 수 있다! 할 수 있어!

날짜: 11월 3일 ♡   이름: 신아원 ♡

빈칸에 힘이 나는 말이나 행동을 쓰고 친구와 함께 게임을 해보세요.

구두 디자이너 뱀 씨

임윤정 글·그림 | 봄날의곰

"어서 오세요. 뱀 씨 구두점입니다! 어떤 구두가 필요하세요?"
뱀 씨네 구두점 앞은 오늘도 손님들로 북적거립니다. 손님이 원하는 구두는 무엇이든 만들어 준다는 유명한 구두점이거든요. 그런데 동물들이 줄을 서서 속닥속닥 뱀 씨에 관한 이야기를 나누고 있네요. "발이 없어서 구두를 못 신는 뱀이 대체 어떻게 구두를 만든다는 거예요?", "알고 보면 혹시 무시무시한 마법사 아니에요?" 과연 구두 디자이너 뱀 씨에 관한 소문은 사실일까요?

#용기 #도전 #꿈 #구두 #디자이너 #창의력 #상상 #한계 #가능성

읽기 전에 생각해요
- (제목을 가리고) 뱀 씨는 어떤 디자이너일까요?
- 뱀 씨는 어떻게 구두 디자이너가 될 수 있었을까요?
- 뱀 씨는 누구의 구두를 디자인했을까요?

읽고 나서 질문해요
- 뱀 씨의 구두점이 유명한 이유는 무엇인가요?
- 구두를 만드는 뱀 씨에 대한 소문이 생긴 이유는 무엇인가요?
- 뱀 씨는 찾아오는 손님의 구두를 만들 때 무엇을 작성했나요?
- 뱀 씨 허리띠 안에는 구두들이 들어 있었던 이유는 무엇인가요?
- 뱀 씨가 행복하다고 말하는 이유는 무엇인가요?
- 내가 구두 디자이너가 된다면 어떤 구두를 만들고 싶나요?

읽고 나서 함께해요
- 구두를 만들어 드립니다!

함께 읽어 보면 좋은 책
- 『꾸루』 전지영 글·그림, 풍요하리
- 『점박이 애벌레의 꿈』 이미숙 글·그림, 북퍼브
- 『물빛 코끼리와 사과나무』 나카반 글·그림, 이은주 옮김, 봄볕
- 『꿈을 나르는 나비』 이미숙 글·그림, 밥북

똑똑 문해력 활동지

구두를 만들어 드립니다!

구두 요청서에 맞는 구두를 만들어 보세요.

날짜: 11월 20일 이름: 긴 애리님

구두 요청서
- 에스키모 신발
- 황토색
- 초록 물방울 무늬
- 날개 장식
- 방수가 되고, 따뜻해야 함

구두 요청서 1
- 독수리 신발
- 파란색
- 별무늬
- 불꽃 장식
- 발냄새가 안 나야함

구두 요청서 2
- 한복 모델 구두
- 분홍색
- 고무신 모양
- 귀뚜라미 장식용
- 많이 편해야함

16 모험 교실

여행은 구구 항공

모토야스 게이지 글·그림 | 윤수정 옮김 | 책읽는곰

어느새 겨울잠을 자러 갈 때예요. 개구리 가족은 할머니 댁에서 겨울을 나기로 했어요. 비둘기 비행기를 타고 할머니 댁이 있는 호숫가로 여행을 떠날 거예요. 공항에 도착해 슬슬 체크인을 하려는데…, 이런, 비둘기가 잠들어 버렸다지 뭐예요. 과연 개구리 가족은 무사히 할머니 댁에 갈 수 있을까요?

#여행 #공항 #겨울 #개구리 #가족 #티켓

읽기 전에 생각해요
- 비행기를 타 본 적이 있나요?
- (앞표지를 보고) 구구 항공은 누가 이용할까요?
- 비행기를 타고 가고 싶은 여행지는 어디인가요?

읽고 나서 질문해요
- 개구리네 가족이 거미줄 공항에 온 이유는 무엇인가요?
- 구구 항공 호수행 비행이 갑자기 취소된 이유는 무엇인가요?
- 모든 좌석을 일등석으로 준 이유는 무엇인가요?
- 개구리네 가족은 누구와 겨울잠 파티를 즐겼을까요?
- 만약 개구리 가족과 함께 여행을 가게 된다면 어디로 가고 싶나요?
- 만약 비행기 일등석을 탄다면 어떤 기내식이 나오면 좋을까요?

읽고 나서 함께해요
- 구구 항공 서비스

함께 읽어 보면 좋은 책
- 『여행은 제비 항공』 모토야스 게이지 글·그림, 윤수정 옮김, 책읽는곰
- 『여행은 다람쥐 택시』 모토야스 게이지 글·그림, 윤수정 옮김, 책읽는곰
- 『기차여행』 이숙현 글, 토마쓰리 그림, 다림
- 『빠앙! 기차를 타요』 마세 나오카타 글·그림, 정영원 옮김, 비룡소
- 『우리 땅 기차 여행』 조지욱 글, 한태희 그림, 책읽는곰

🌼 **똑똑 문해력 활동지**

17. 좋아, 싫어 대신 뭐라고 말하지?

감정 교실

송현지 글 | 순두부 그림 | 이야기공간

초등학생 승규의 아침 기상부터 학교생활, 하교, 학원에서의 시간, 잠들기 전까지 '하루'를 따라가다 보면 "좋아", "싫어"를 대신할 감정 어휘들을 자연스럽게 만날 수 있어요. 승규의 하루 속에 쏙쏙 담긴 "좋아", "싫어"를 대신할 다양한 어휘를 배워 봐요!

#감정 #좋아 #싫어 #감정단어 #감정그림책

읽기 전에 생각해요
- 감정을 나타내는 말에는 무엇이 있나요?
- "좋아" 대신 뭐라고 말할 수 있을까요?
- "싫어" 대신 뭐라고 말할 수 있을까요?

읽고 나서 질문해요
- "좋아" 대신 표현할 수 있는 감정은 무엇이 있나요?
- "싫어" 대신 표현할 수 있는 감정은 무엇이 있나요?
- 승규는 언제 제일 행복했을까요?
- 승규는 언제 제일 속상했을까요?
- 나는 무엇을 할 때 가장 신나고 행복한가요?
- 나는 어떨 때 슬프고 속상한가요?
- 2가지의 감정을 합쳐서 새로운 감정 단어를 만들어 보세요.

읽고 나서 함께해요
- 나는 흥행해

함께 읽어 보면 좋은 책
- 『내 마음 ㅅㅅㅎ』, 김지영 글·그림, 사계절
- 『마음 기차』, 보람 글·그림, 제제의숲
- 『마음이란 무엇일까?』, 호소카와 텐텐 글·그림, 황진희 옮김, 위즈덤하우스
- 『마음 체조』, 이유진 글·그림, 위즈덤하우스

🌸 똑똑 문해력 활동지

나는 흠행해

두 가지 감정을 더해 새로운 감정을 만들어보세요.

날짜: 11월 17일   이름: 신아원

흥겨워 + 행복해
흠행해

놀라워 + 이상해
놀상해

기뻐 + 만족스러워
뻐러워

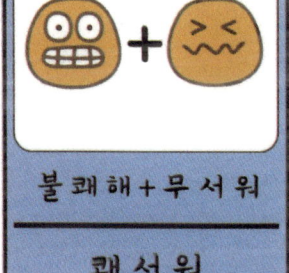
불쾌해 + 무서워
쾌서워

속상해 + 화나
속하나

황당해 + 불쾌해
불당해

 황당해
 이상해
 불쾌해
 놀라워
 감동했어
 화나
 속상해
 무서워

 달콤해
 행복해
 뿌듯해
 감격스러워
 행복해
 만족스러워
 기뻐
사랑해

18 오늘 내 마음은…

감정 교실

마달레나 모니스 글·그림 | 열린어린이

한글 자음과 감정을 연결한 새로운 형식의 감정 탐구 그림책이에요. 그림책을 통해 스스로 자신의 감정을 즐겁게 들여다보며, 친구·가족과 함께 감정 대화를 나누고 상대방의 마음도 헤아릴 수 있어요. 책을 읽는 모두가 함께 즐길 수 있어요. 오늘 내 마음은 어떨까 궁금해요!

#마음 #감정 #가나다 #한글자음 #감정찾기

읽기 전에 생각해요
- 오늘 내 마음은 어떤가요?
- (앞표지를 보고) 아이의 마음은 어떨까요?
- 풍선을 타고 어디로 가는 걸까요?

읽고 나서 질문해요
- 책에 나오는 마음 중에서 나와 같은 마음은 무엇이었나요?
- 가장 마음에 드는 그림이 있나요?
- 가장 와 닿았던 마음은 어떤 마음인가요?
- 오늘 나의 기분을 'ㄱ'으로 시작되는 감정으로 표현해 본다면?
- 오늘 나의 기분을 'ㅅ'으로 시작되는 감정으로 표현해 본다면?

읽고 나서 함께해요
- 오늘 내 기분은

함께 읽어 보면 좋은 책
- 『내 마음의 색깔들』 조 위테크 글, 크리스틴 루세 그림, 마술연필 옮김, 보물창고
- 『네 기분은 어떤 색깔이니?』 최숙희 글·그림, 책읽는곰
- 『마음 꽃이 피었습니다』 다카하시 사키 글·그림, 황진희 옮김, 봄볕
- 『사과는 이렇게 하는 거야』 데이비드 라로셀 글, 마이크 우누트카 그림, 이다랑 옮김, 블루밍제이
- 『마음을 담은 병』 데버라 마르세로 글·그림, 김세실 옮김, 나는별

🌸 **똑똑 문해력 활동지**

이름: 신아원   날짜: 11월 17일

오늘 내 기분은

자음 풍선에 담긴 내 기분을 써보세요.

- ㄱ: 기쁘다
- ㅂ: 부끄럽다
- ㅅ: 신기하다
- ㄷ: 다행이다
- ㅈ: 즐겁다

오늘 내 기분은
새로운 친구들을 만나서 기쁘다.

감정 교실

감정 호텔

리디아 브란코비치 글·그림 | 장미란 옮김 | 책읽는곰

날마다 다른 감정들이 머물다 가는 곳, 감정 호텔에 오신 것을 환영합니다! 감정 호텔에는 날마다 다양한 감정이 찾아와요. 감정마다 주의할 점도 다 다르죠. 감정 호텔의 지배인은 감정들이 잘 지내고 있는지 늘 세심하게 보살펴야 하지요. 오늘은 어떤 감정이 여러분의 감정 호텔에 머무르고 있나요?

#감정 #내마음 #기분 #알아차림 #호텔 #지배인

읽기 전에 생각해요
- 우리가 느낄 수 있는 감정에는 어떤 것들이 있을까요?
- 오늘은 어떤 감정(기분)을 느꼈나요?
- 감정 호텔 안에서 무슨 일이 일어날까요?

읽고 나서 질문해요
- 감정 호텔의 각 방에는 어떤 감정들이 살고 있었나요?
- 감정 호텔에 나오는 감정 중에서 느껴 본 감정이 있나요?
- 감정 호텔에 어떤 감정의 방이 있으면 좋을까요?
- 어떻게 하면 감정들을 잘 돌볼 수 있을까요?

읽고 나서 함께해요
- 어서 오세요, 감정 호텔입니다!

함께 읽어 보면 좋은 책
- 『일곱 빛깔 내 감정의 책』, 스테파니 쿠튜리에 글, 모렌 푸아뇨넥 그림, 김희정 옮김, 청어람미디어
- 『데이지와 감정 드래곤』, 프랜시스 스티클리 글, 애너벨 템페스트 그림, 엄혜숙 옮김, 파스텔하우스
- 『기분 가게』, 도키 나쓰키 글·그림, 김숙 옮김, 주니어김영사
- 『마음은 어디에』, 이수영 글, 김선진 그림, 그림책공작소
- 『다른 길로 가』, 마크 콜라지오반니 글, 피터 H. 레이놀즈 그림, 김여진 옮김, 우리학교

🌼 **똑똑 문해력 활동지**

어서오세요, 감정호텔 입니다!

각 방에는 어떤 감정들이 있을까요?
감정들을 보살피는 방법은 무엇인지 써보세요.

날짜: 10월 17일
이름: 진예림

20 그 녀석, 슬픔

감정 교실

안단테 글 | 소복이 그림 | 우주나무

살다 보면 이런저런 슬픈 일이 생겨요. 잔잔한 슬픔이 있는가 하면 감당하기 힘든 슬픔도 있고, 예비한 슬픔이 있는가 하면 느닷없이 닥치는 슬픔도 있어요. 이 책의 주인공에겐 반려견 쫑이를 떠나보낸 날, 슬픔이라는 힘들고 불편한 감정이 찾아왔어요. 참아야 할까요? 감춰야 할까요? 모른 척해야 할까요? 그럴수록 외롭고 어색하고 처지는데, 자꾸만 삐져나오려고 하는 이 벅찬 감정을 어떻게 해야 할까요?

#슬픔 #감정 #반려견 #친구 #눈물

읽기 전에 생각해요
- (제목을 가리고) 그 녀석은 누구일까요?
- 아이는 왜 울고 있는 걸까요?
- 두 친구는 어떤 이야기를 나누고 있을까요?
- 책에는 어떤 슬픈 이야기가 담겨 있을까요?

읽고 나서 질문해요
- 주인공은 슬픔을 어떻게 대했나요?
- 슬픔을 이겨 내는 방법에는 어떤 것이 있을까요?
- 슬픔에 대해 새롭게 알게 된 점은 무엇인가요?
- 슬퍼하는 친구를 웃게 해 주는 방법은 무엇인가요?

읽고 나서 함께해요
- 슬픔아, 잘 가!

함께 읽어 보면 좋은 책
- 『그 녀석, 걱정』 안단테 글, 소복이 그림, 우주나무
- 『오늘은 회색빛』 로라 도크릴 글, 로렌 차일드 그림, 김지은 옮김, 웅진주니어
- 『그럴 기분이 아니야!』 오언 매클로플린 글, 폴리 던바 그림, 신수진 옮김, 비룡소
- 『작은 걱정이 마음속에 살아요』 크리스티나 퍼니발 글, 케이티 드와이어 그림, 이은경 옮김, 포레스트북스
- 『마음 빨래』 남개미 글·그림, 올리

예술 교실

맨드리 고운 고까옷

박수연 글 | 강효진 그림 | 키즈엠

우리나라 고유한 옷, 한복은 아름답기만 한 게 아니에요. 우리 조상의 지혜가 오롯이 담겨 있지요. 한복은 때와 장소, 계절, 직업에 맞게 다양하게 입을 수 있어요. 한복은 우리가 아끼고 지켜나가야 할 소중하고 자랑스러운 우리의 문화예요.

#우리문화 #우리옷 #한복 #생활한복

읽기 전에 생각해요
- 우리나라 전통 옷은 무엇인가요?
- 한복을 입어 본 적이 있나요?
- 한복은 언제 입나요?

읽고 나서 질문해요
- 여자/남자 한복 중 생각나는 옷이나 장신구가 있나요?
- 여자/남자 한복의 종류는 무엇이 있나요?
- 내가 입어 보고 싶은 한복의 색깔이나 무늬가 있나요?
- 어떻게 하면 한복을 일상에서 자주 입을 수 있을까요?

읽고 나서 함께해요
- 우리 전통 고까옷

함께 읽어 보면 좋은 책
- 『빨간 조끼 여우의 장신구 가게』, 김미혜 글, 김혜원 그림, 사계절
- 『이렇게 고운 댕기를 보았소?』, 강효미 글, 나수은 그림, 미래엔아이세움
- 『바람을 담은 옷』, 김현정 글·그림, 걸음동무(해솔)
- 『우리 옷 고운 옷 한복이 좋아요』, 김홍신, 임영주 글, 김원정 그림, 노란우산

똑똑 문해력 활동지

22. 미술관에 간 헨리

예술 교실

이자벨 마리노프 글 | 올가 시톤다 그림 | 공경희 옮김 | 블루래빗

헨리는 미술관에 오기 싫었어요. 누가 시시한 수프나 녹는 시계 그림 같은 걸 보고 싶겠어요? 그런데 우연히 들어간 방에서 아주 복잡하게 생긴 기계와 의자를 봤어요. 벽에는 "이건 의자인가요?"라는 질문이 붙어 있었어요. 지치기도 하고 질문의 답이 뭔지 살짝 궁금했던 헨리는 의자에 앉았어요. 쿵! 이게 무슨 소리죠? 무슨 일이 벌어진 걸까요? 미술이 재미있어지는 마법 같은 책이에요!

#미술관 #미술 #예술 #이해 #호기심 #미술작품 #전시 #표현

읽기 전에 생각해요
- (제목을 가리고) 헨리는 어디에 갔을까요?
- 미술관에 가 본 적이 있나요?
- 헨리는 미술관에서 어떤 작품을 봤을까요?

읽고 나서 질문해요
- 헨리는 왜 미술관에 오기 싫었나요?
- 헨리는 파란색 그림이 마음에 들었습니다. 그 이유는 무엇인가요?
- "이것은 의자인가요?" 질문이 붙어 있는 의자에 헨리가 앉으니 어떤 일이 생겼나요?
- 안내인은 미술에서 가장 중요한 것은 무엇이라고 했나요?
- 재미있게 볼 수 있는 나만의 작품을 만들어 보세요.

읽고 나서 함께해요
- 예술가 ○○의 방

함께 읽어 보면 좋은 책
- 『느끼는 대로』 피터 H. 레이놀즈 글·그림, 엄혜숙 옮김, 문학동네
- 『미술관의 초대』 수전 베르데 글, 피터 H. 레이놀즈 그림, 서애경 옮김, 문학동네
- 『뒤죽박죽미술관』 유주연 글·그림, 책읽는곰
- 『나의 미술관』 조안 리우 글·그림, 단추

똑똑 문해력 활동지

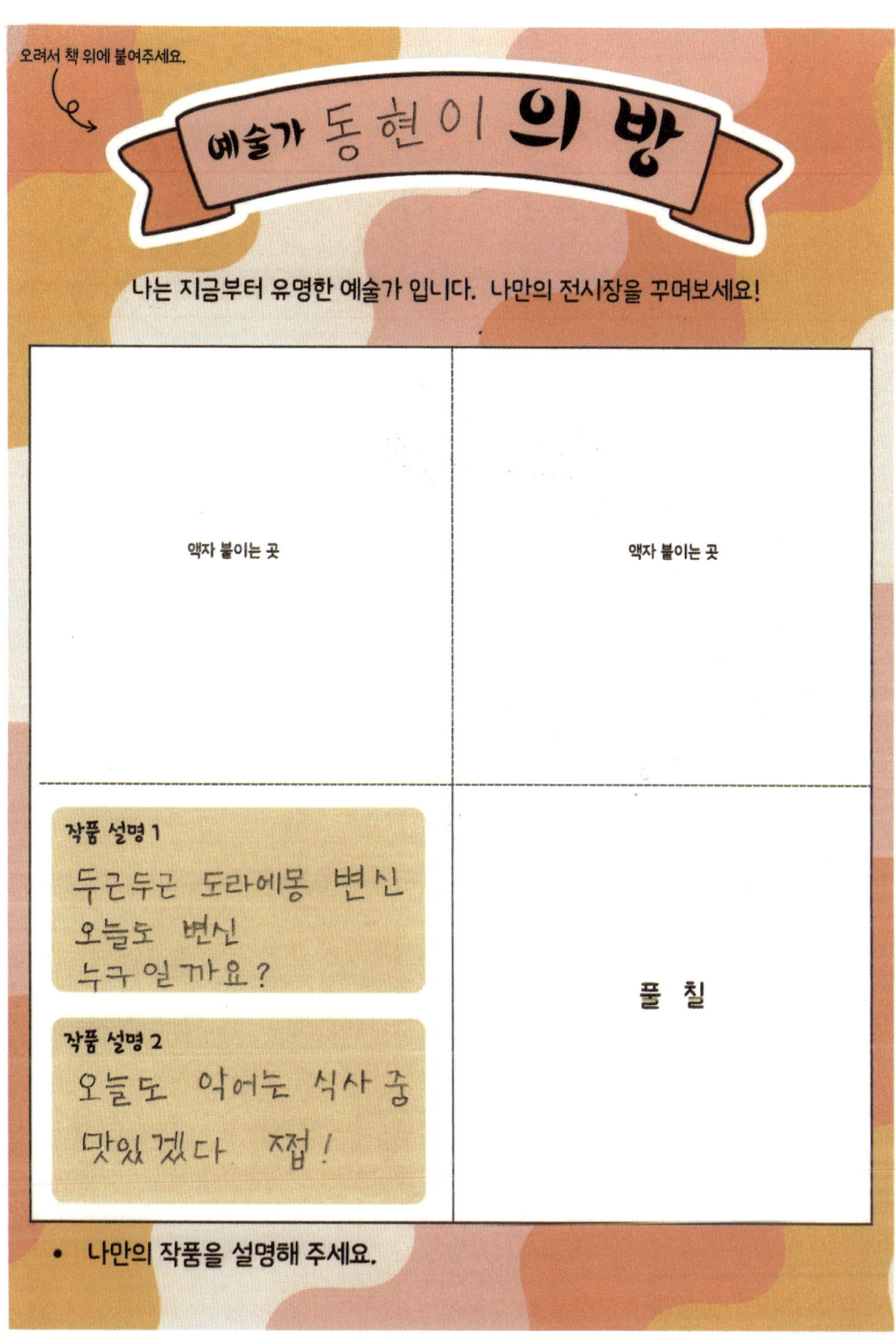

4개 중 2개를 골라 나만의 멋진 작품으로 바꾸어 보세요!

내 작품에 이름을 붙여 주세요!

작품1 에몽이의 변신

작품2 악어는 맛있어

풀칠				
풀칠				

내 작품을 붙일 때 사용해요.
접어서 액자 뒷면에 붙이고
사각 무대북 벽면에 붙여주세요!

예술 교실

나에게 정원이 있다면

케빈 헹크스 글·그림 | 최순희 옮김 | 시공주니어

어린 소녀가 엄마와 함께 정원을 가꾸다가 문득 자신만의 정원이 있다면 좋겠다는 생각을 합니다. 소녀의 정원은 잡초도 없고, 꽃들은 절대 시들지 않아요. 또 원한다면 꽃 색깔을 바꿀 수 있고, 정원의 토끼는 초콜릿으로 되어 있기 때문에 상추를 뜯지 않아요. 소녀의 상상은 계속되고, 소녀만의 정원이 완성되어 가는데….

#정원 #상상 #표현 #예술 #현실

읽기 전에 생각해요
- ('정원' 글자를 가리고) 나에게 무엇이 있다면 좋을까요?
- (앞표지를 보고) 아이는 무슨 생각을 하고 있을까요?
- 정원을 가꿔 본 적 있나요?

읽고 나서 질문해요
- 엄마의 정원을 가꾸는 방법은 무엇이었나요?
- 나의 정원에서 기억에 남는 장면은 무엇인가요?
- 나의 정원에서는 무엇을 마음대로 바꿀 수 있나요?
- 토마토처럼 커다랗게 키우고 싶은 것은 무엇인가요?
- 내 생각대로 정원이 만들어진다면 어떤 정원을 만들고 싶나요?

읽고 나서 함께해요
- ○○의 정원

함께 읽어 보면 좋은 책
- 『한밤의 정원사』 테리 펜, 에릭 펜 글·그림, 이순영 옮김, 북극곰
- 『마티스의 정원』 사만사 프리드만 글, 크리스티나 아모데어 그림, 지혜연 옮김, 주니어RHK
- 『상상 정원』 엘렌 드뤼베르 글·그림, 양진희 옮김, 블루래빗
- 『나무 모자』 장준영 글·그림, 계수나무

23. 나에게 정원이 있다면

예술 교실

케빈 헹크스 글·그림 | 최순희 옮김 | 시공주니어

어린 소녀가 엄마와 함께 정원을 가꾸다가 문득 자신만의 정원이 있다면 좋겠다는 생각을 합니다. 소녀의 정원은 잡초도 없고, 꽃들은 절대 시들지 않아요. 또 원한다면 꽃 색깔을 바꿀 수 있고, 정원의 토끼는 초콜릿으로 되어 있기 때문에 상추를 뜯지 않아요. 소녀의 상상은 계속되고, 소녀만의 정원이 완성되어 가는데….

#정원 #상상 #표현 #예술 #현실

읽기 전에 생각해요
- ('정원' 글자를 가리고) 나에게 무엇이 있다면 좋을까요?
- (앞표지를 보고) 아이는 무슨 생각을 하고 있을까요?
- 정원을 가꿔 본 적 있나요?

읽고 나서 질문해요
- 엄마의 정원을 가꾸는 방법은 무엇이었나요?
- 나의 정원에서 기억에 남는 장면은 무엇인가요?
- 나의 정원에서는 무엇을 마음대로 바꿀 수 있나요?
- 토마토처럼 커다랗게 키우고 싶은 것은 무엇인가요?
- 내 생각대로 정원이 만들어진다면 어떤 정원을 만들고 싶나요?

읽고 나서 함께해요
- ○○의 정원

함께 읽어 보면 좋은 책
- 『한밤의 정원사』 테리 펜, 에릭 펜 글·그림, 이순영 옮김, 북극곰
- 『마티스의 정원』 사만사 프리드먼 글, 크리스티나 아모데어 그림, 지혜연 옮김, 주니어RHK
- 『상상 정원』 엘렌 드뤼베르 글·그림, 양진희 옮김, 블루래빗
- 『나무 모자』 장준영 글·그림, 계수나무

똑똑 문해력 활동지

예린이 의 정원

정원 소개: 우산 조리개로 물을 주고, 토끼 전용 사다리로 나비를 만날 수 있어요.

예술 교실

빈센트 반 고흐

베네딕트 르 로아러 글 | 피에르 반 호브 그림 | 이세진 옮김 | 비룡소

빈센트는 사람들과 잘 어울리지 못해요. 화랑 일도 해 보고 목사를 꿈꾸기도 하지만, 모두 뜻대로 풀리지 않아요. 결국 빈센트는 화가가 되기로 결심하고 혼자 그림을 그리기 시작했어요. 가난과 우울에 맞서 싸우며 그려 낸 빈센트의 작품은 과연 세상 사람들에게 인정받을 수 있을까요? 강렬한 붓질과 생동감 넘치는 색채로 그림에 빛을 담은 영혼의 화가, 빈센트 반 고흐의 생애와 대표작 이야기가 생생하게 펼쳐져요.

#고흐 #미술 #예술가 #화가 #명작

읽기 전에 생각해요
- 내가 알고 있는 화가는 누가 있나요?
- 빈센트 반 고흐를 알고 있나요?
- 빈센트 반 고흐의 작품 중 생각나는 것이 있나요?

읽고 나서 질문해요
- 빈센트 반 고흐의 마음을 빼앗은 것은 무엇인가요?
- 빈센트 반 고흐는 자신이 경험하고 느낀 것을 누구와 나누었나요?
- 파리로 간 빈센트 반 고흐는 동생 테오의 도움으로 누구를 만났을까요?
- 빈센트 반 고흐가 자기 모습을 그릴 수밖에 없었던 이유는 무엇인가요?
- 병원에 입원하게 된 빈센트 반 고흐에게 가장 큰 위로가 되었던 것은 무엇이었나요?
- 빈센트 반 고흐가 좋아하는 꽃은 무엇이었나요?

읽고 나서 함께해요
- 오늘의 작품 감상

함께 읽어 보면 좋은 책
- 『케이티와 별이 빛나는 밤에 놀다』 제임스 메이휴 글·그림, 김서정 옮김, 스푼북
- 『화가가 된 할머니』 이초아 글, 정세진 그림, 빨강머리앤
- 『르네 마그리트』 사라 바르테르 글, 클레오 제르맹 그림, 이세진 옮김, 비룡소
- 『모네의 고양이』 릴리 머레이 글, 베키 카메론 그림, 김하니 옮김, 아르카디아

🌼 똑똑 문해력 활동지

2024년 8월 8일 목요일

오늘의 작품 감상

작가: 송고흐
작품 이름: 해바라기 삼형제의 모험
작품에 숨겨진 이야기: 해바라기 엄마가 삼형제에게
" 이제 집을 떠나서 너희들의 꿈을 활짝 펼쳐라." 했다.

JAEMIDNI ART MUSEUM

미래 교실

정약용을 찾아라

김진 글 | 장선환 그림 | 천개의바람

정약용이 암행어사로 짧게 활약했던 때의 일을 이야기로 꾸몄어요. 다재다능했던 능력으로 수많은 업적을 남긴 정약용인데, 왜 하필 짧았던 암행어사 일을 이야기로 만들었을까요? 또한 조선 시대 백성들의 직업이 펼쳐져요. 당시에 있던 직업이 오늘날에는 어떻게 이어져 변했는지 등을 살펴보며, 환경 변화에 따른 사회적 변화를 이해할 수 있어요.

#조선시대직업 #직업의변화 #정약용 #암행어사 #목민심서 #거중기

읽기 전에 생각해요

- (뒤표지를 보고) 주어진 그림은 어떤 인물과 관련이 있을까요?
- (앞표지를 보고) 사람들은 어떤 일을 할까요?
- 사람들 중 정약용은 누구일까요?
- 말이 그려진 동그란 물건은 무엇일까요?

읽고 나서 질문해요

- 마패는 어떤 역할을 했을까요? 마패에 새겨진 말 숫자의 의미는 무엇일까요?
- 조선 시대에는 어떤 직업이 있었나요?
- 조선 시대의 직업은 현재의 어떤 직업일까요?
- 직업을 나타내는 물건들은 무엇이 있을까요?

읽고 나서 함께해요

- 암행어사 출두요

함께 읽어 보면 좋은 책

- 『세종대왕을 찾아라』 김진 글, 정지윤 그림, 천개의바람
- 『주인공은 너야』 마크 패롯 글, 에바 알마슨 그림, 성초림 옮김, 웅진주니어
- 『어른들은 하루 종일 어떤 일을 할까?』 비르지니 모르간 글·그림, 장미란 옮김, 주니어RHK
- 『나는 커서 어떤 일을 할까?』 미케 샤이어 글·그림, 김영진 옮김, 주니어RHK

미래 교실

주황 조끼

신소담 글·그림 | 가문비어린이

환경미화원 아저씨들은 모두가 잠들어 있는 야간이나 새벽에 주로 일을 해요. 그래서 안전을 위해 형광색의 띠에 반사 테이프를 붙인 주황색 안전 조끼를 입어요. 주황색 조끼는 아저씨들의 안전을 지켜 주는 소중한 것이기 때문에 트럭에 여분으로 한 벌을 걸쳐 놓기도 하지요. 앗, 그런데 주황 조끼가 떨어졌어요. 주황 조끼는 어떻게 되었을까요?

#주황조끼 #환경미화원 #이웃 #행복 #감사

읽기 전에 생각해요
- 내가 알고 있는 직업은 무엇이 있나요?
- (앞표지를 보고) 주황 조끼는 누가 입는 걸까요?
- 조끼의 색깔은 왜 주황색일까요?

읽고 나서 질문해요
- 사람들은 왜 주황 조끼에 편지도 쓰고 선물을 넣었을까요?
- 주황 조끼를 다시 찾은 아저씨의 기분은 어땠을까요?
- 우리 주변에서 감사의 마음을 전하고 싶은 직업은 무엇이 있나요?
- 감사의 마음을 전할 조끼를 만들어 보세요.

읽고 나서 함께해요
- 조끼를 선물합니다

함께 읽어 보면 좋은 책
- 『누구의 빨랫줄일까? - 직업을 맞혀라!』 캐스린 헬링, 데보라 헴브룩 글, 앤디 로버트 데이비스 그림, 이성희 옮김, 어썸키즈
- 『한밤중 도시에서는』 줄리 다우닝 글·그림, 이계순 옮김, 씨드북
- 『우리는 땀을 흘려요』 신대관 글·그림, 계수나무
- 『어둠을 치우는 사람들』 박보람 글, 김휘리 그림, 노란상상

27

미래 교실

산타 할머니

진수경 글·그림 | 봄개울

산타 마을에 씩씩한 할머니가 살았어요. 어려서부터 할머니의 꿈은 산타가 되는 거였어요. 하지만 산타는 남자만 될 수 있었죠. 할머니는 실망했지만, 평생 꿈을 이루기 위해 노력했어요. 과연 씩씩한 할머니는 산타 할머니가 되어 선물을 전하러 날아오를 수 있을까요?

#꿈 #직업 #여성 #편견 #평등 #노력 #할머니 #크리스마스

읽기 전에 생각해요
- '겨울' 하면 떠오르는 것은 무엇인가요?
- 내가 생각하는 산타는 어떤 모습인가요?
- (제목을 가리고) 그림책 제목은 무엇일까요?
- 할머니 산타를 본 적이 있나요?

읽고 나서 질문해요
- 할머니는 어떻게 산타가 되었나요?
- 할머니가 산타가 되고 산타상까지 받은 기분은 어땠을까요?
- 산타 할머니라서 어려움을 잘 이겨 나갈 수 있었던 때는 언제였나요?
- 내가 커서 꼭 하고 싶은 일은 무엇인가요?

읽고 나서 함께해요
- 나의 꿈은…

함께 읽어 보면 좋은 책
- 『나는 마리 퀴리야!』 브래드 멜처 글, 크리스토퍼 엘리오풀로스 그림, 마술연필 옮김, 보물창고
- 『엄마 소방관, 아빠 간호사』 한지음 글, 김주경 그림, 씨드북
- 『우리는 탐험가다』 카리 허버트 글·그림, 홍민선 옮김, 부키니스트
- 『누군가를 돕고 싶다면 이런 직업!』 어맨다 리어먼스 글, 엘리스 게이넷 그림, 박훌륭 옮김, 한솔수북

🌸 **똑똑 문해력 활동지**

나의 꿈은..

내가 미래에 어떤 직업일지 상상해서 모습을 그려보고,
나의 직업을 소개해 보세요.

나 <u>강승규</u> 은(는) <u>15</u> 년 뒤에
<u>웃음을 주는 것</u> 와(과) <u>새로운 도전</u> 을(를) 좋아하고,
<u>표정이 다양하고</u>, <u>재미나게 말을</u> 잘하는,
<u>배꼽도둑 개그맨</u> 이(가) 되어있을 것이다.

28

미래 교실

미래에는

허아성 글·그림 | 리틀씨앤톡

아이들 스스로 꿈꿔 볼 수 있는 멋진 직업들이 가득합니다. 남들의 시선, 어른들의 바람, 물질적인 가치는 조금도 포함되어 있지 않아요. 자유롭게 상상하고, 꿈꾸고, 바라볼 수 있는 미래에 대한 이야기가 오롯이 담겨 있어요. 내가 미래에 어떤 사람이 되고 싶은지 마음껏 상상해 보세요. 우리의 모든 꿈은 자유롭고 소중하고 가치 있답니다.

#미래 #꿈 #진로 #상상직업 #소중함

읽기 전에 생각해요
- 나중에 커서 하고 싶은 일이 있나요?
- 미래에 어떤 직업이 생길까요?
- (앞표지를 보고) 친구들은 무엇을 하고 있나요?

읽고 나서 질문해요
- 사람 대신 로봇과 인공지능이 할 수 있는 일은 무엇이 있었나요?
- 책 속에서 만나 본 상상 직업 중 어떤 것이 가장 흥미로웠나요?
- 음악을 음식으로 바꿔 주는 로봇이 있다면 어떤 음악에 어떤 음식을 만들고 싶나요?
- 미래에 또 어떤 직업들이 생길까요?

읽고 나서 함께해요
- 상상 직업

함께 읽어 보면 좋은 책
- 『우리를 먹여 살리는 세계』, 낸시 캐스탈도 글, 지니 수 그림, 김래경 옮김, 양철북
- 『뻔한 직업은 싫어!』, 나탈리 라바르 글·그림, 홍연미 옮김, 미세기
- 『세상 모든 직업 만세!』, 아고스티노 트라이니 글·그림, 주효숙 옮김, 베틀북(프뢰벨)
- 『내 멋대로 꿈꾸는 연구소』, 라보 아틀리에 공동체 글·그림, 김영진 옮김, 시금치

🌼 **똑똑 문해력 활동지**

상상 직업

미래에는 어떤 직업이 생기면 좋을까요? 상상해서 써보세요.

날짜: 1월 2일　　이름: 강승규

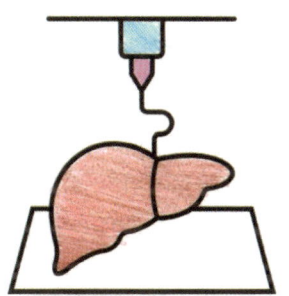

장기 메이크 전문가
병든 장기를 새로 만들어서 바로 이식 할 수 있게 해준다.

우주 여행 가이드
행성의 정보를 알려주고, 여행이 더 재밌어지게 만든다.

냉동인간 정비사
고장난 냉동인간 기계를 고친다.

29 명탐정 냥록

말놀이 교실

세자이 에리 글·그림 | dodo

어느 날 고양이 탐정 사무소에 토끼 부인이 찾아왔어요. 명탐정 냥록은 토끼 부인의 안경을 찾아주며 오늘도 사건을 무사히 해결했어요. 명탐정 냥록 덕분에 거리는 늘 평화로워요. 냥록이 느긋하게 책을 읽으려고 펼쳤을 때 수수께끼 종이 한 장이 팔랑거리며 떨어졌어요. 수수께끼를 푼다면 멋진 보물을 주겠다고 적혀 있었지요. 명탐정 냥록은 수수께끼를 풀고 무사히 사건을 해결할 수 있을까요?

#탐정 #명탐정 #모험 #수수께끼 #비밀 #퀴즈 #말놀이

읽기 전에 생각해요
- 탐정은 무슨 일을 할까요?
- 탐정은 무엇을 좋아할까요?
- (뒤표지를 보고) 수수께끼 편지는 누가 보냈을까요?
- (뒤표지를 보고) 알 수 없는 수수께끼 편지에는 뭐라고 쓰여 있었을까요?
- (뒤표지를 보고) 멋진 보물은 무엇일까요?

읽고 나서 질문해요
- 할아버지는 왜 냥록에게 수수께끼를 냈을까요?
- 눈부신 빨간 상자는 무엇이었나요?
- 왜 모두가 냥록을 명탐정이라고 했을까요?
- 내가 수수께끼를 만들어 본다면 어떻게 만들까요?
- 냥록에게 수수께끼 편지를 어떻게 쓸 수 있을까요?

읽고 나서 함께해요
- 냥록에게 보내는 수수께끼

함께 읽어 보면 좋은 책
- 『타보의 수수께끼 편지』 윤희정 글, 이영림 그림, 아르볼
- 『똑똑한 수수께끼 그림책 1 누굴까? 왜일까?』 올리비에 탈레크 글·그림, 김하나 옮김, 한울림어린이
- 『똑똑한 수수께끼 그림책 2 누굴까? 왜일까?』 올리비에 탈레크 글·그림, 김하나 옮김, 한울림어린이
- 『수수께끼 생일 편지』 에릭 칼 글·그림, 이기경 옮김, 더큰 theknn
- 『글자동물원』 이안 글, 최미란 그림, 문학동네

똑똑 문해력 활동지

냥록에게 보내는 수수께끼

날짜: 12월 23일 이름: 신아원

등동해잔물과백 밑두산이이마르
어고둡닳도다록
속담을 찾아라: 등잔 밑이 어둡다.

먹은 음식을 찾아라: ㄸㄱㅈㅅ

딸랑딸랑 종이 울리면
기다렸던 크리스마스!
주머니속 선물이 궁금하다면
스키장으로 가시오.

가나 이다파
라마 라바 사
파냐아 자무차
카냐타파 무하

그림책을 찾아라: 이파 그파 냐무냐무

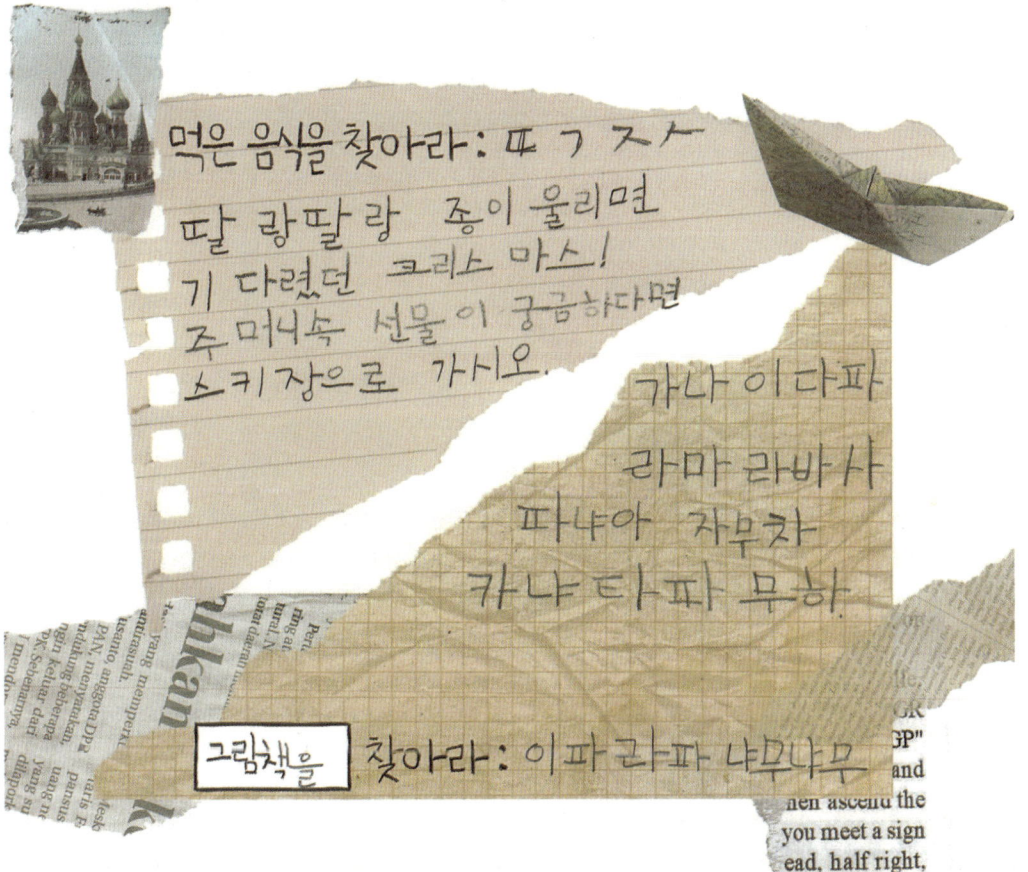

말놀이
교실

붙여 볼까?

카가미 켄 글·그림 | 상상의집

서로 다른 2개를 붙여 새로운 것을 만드는 재미를 알려 주는 그림책이에요. 연필과 코끼리, 병아리와 강아지, 사과와 안경. 서로 다른 2개를 붙이면 무엇이 될까요? 상상력의 씨앗이 될 유쾌한 그림놀이와 말놀이를 함께 즐겨요.

#말놀이 #그림놀이 #상상력 #창의력 #결합

읽기 전에 생각해요
- (뒤표지를 보고) 코끼리와 연필을 붙이면 무엇이 될까요?
- (앞표지를 보고) 이 동물의 이름을 붙여 본다면 무엇이 있을까요?
- 코에 연필 말고 또 무엇을 붙일 수 있을까요?

읽고 나서 질문해요
- 가장 재미있었던 붙이기는 무엇이었나요?
- '필끼리' 말고 다른 이름을 지어 본다면 무엇이 있을까요?
- 동물과 과일을 붙여 보면 어떻게 될까요?
- 학용품과 과자를 붙여 보면 어떻게 될까요?
- 꽃과 채소를 붙여 보면 어떻게 될까요?
- 내가 붙여 보고 싶은 것은 무엇과 무엇인가요?

읽고 나서 함께해요
- 붙여 볼래?

함께 읽어 보면 좋은 책
- 『뚱보 임금님 세종의 굵적굵적 말놀이』 조은수 글·그림, 웅진주니어
- 『감자가 만났어』 수초이 글·그림, 후즈갓마이테일
- 『라면 맛있게 먹는 법』 권오삼 글, 윤지회 그림, 문학동네
- 『간다 난다 달다』 이서연 글·그림, 길벗어린이
- 『우다다다, 달려 마을!』 야둥 글, 마이크 샤오쿠이 그림, 류희정 옮김, 한림출판사

똑똑 문해력 활동지

말놀이 교실

근데 그 얘기 들었어?

밤코 글·그림 | 바둑이하우스

동물 마을에 새로 이사 온 이웃의 정체는 과연 무엇일까요? 전해지면 전해질수록 점점 부풀어 오르는 소문에 어느새 동물들은 이웃이 자신들을 잡아먹으러 온 거대한 괴물일 거라고 생각해요. 하지만 이삿짐 정리를 하러 마을에 들어선 이웃의 진짜 모습은 모두를 놀라게 만들어요. 과연 새로 이사 온 이웃은 누구일까요?

#말 #경청 #대화 #소문 #오해 #진실 #상상 #말놀이

읽기 전에 생각해요
- (앞표지를 보고) 동물들은 왜 모여 있을까요?
- 거미가 말하려는 '근데 그 얘기'는 무엇일까요?
- 누군가 내 말을 잘못 전한 적이 있나요?

읽고 나서 질문해요
- 이사 온 개미를 보고 어떻게 표현할 수 있을까요?
- 개미는 왜 다른 모습으로 표현되었을까요?
- 두더지의 얘기는 다른 동물들에게 전달되면서 어떻게 바뀌었나요?
- 여러분이 소문을 듣고 표현한다면 어떻게 표현할 수 있을까요?
- 여러분이 소문을 듣고 어떤 동물인지 떠올려 보세요.

읽고 나서 함께해요
- 그 소문 들었어?

함께 읽어 보면 좋은 책
- 『내 말 좀 들어 주세요, 제발』 하인츠 야니쉬 글, 질케 레플러 그림, 김라합 옮김, 상상스쿨
- 『군고구마와 주먹밥』 미야니시 타츠야 글·그림, 황진희 옮김, 미래아이
- 『가만히 들어주었어』 코리 도어페드 글·그림, 신혜은 옮김, 북뱅크
- 『그 소문 들었어?』 하야시 기린 글, 쇼노 나오코 그림, 김소연 옮김, 천개의바람
- 『그 소문 진짜야?』 안 크라에 글·그림, 김자연 옮김, 라임

🌼 **똑똑 문해력 활동지**

그 소문 들었어?

날짜: 11월 26일 이름: 강승규

마을에 동물친구가 이사를 왔습니다.
소문을 듣고 어떤 동물인지 그려보고 떠오르는 동물을 써보세요.

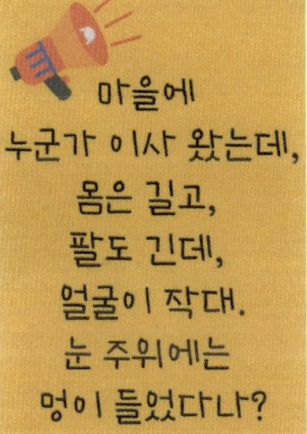

마을에
누군가 이사 왔는데,
몸은 길고,
팔도 긴데,
얼굴이 작대.
눈 주위에는
멍이 들었다나?

긴팔원숭이

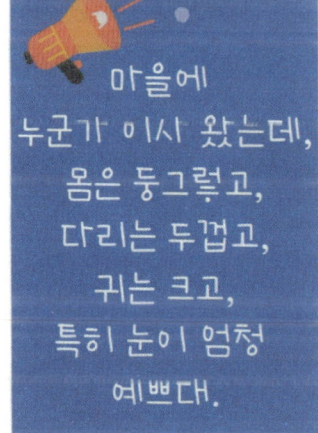

마을에
누군가 이사 왔는데,
몸은 둥그렇고,
다리는 두껍고,
귀는 크고,
특히 눈이 엄청
예쁘대.

돼지

말놀이 교실

똥을 지배하는 자 2

재미드니 친구들 글·그림 | 송현지, 최선영 엮음 | 고래책빵

빗방울처럼 통통 튀는 재미드니 친구들의 엉뚱 발랄한 시를 모았습니다. 아이들의 마음에서만 나올 수 있는 시들은 어른과 아이 모두에게 해맑은 동심을 만나게 하는 선물과 같습니다. 어린이들에게는 상상과 공감의 세계를 선물하고, 어른들에게는 잃어버린 동심을 되찾아 흐뭇하고 행복해지는 마법을 선사합니다.

#동시 #똥시 #어린이시 #재미난동시 #웃긴동시

읽기 전에 생각해요
- (앞표지를 보고) 떠오르는 생각은 무엇인가요?
- 변기 속으로 들어간 친구는 누구일까요?
- 똥을 지배하는 자는 누구일까요?

읽고 나서 질문해요
- 똥을 지배하는 자는 누구였나요?
- 가장 기억에 남는 동시와 그 이유는 무엇인가요?
- 내 생각에 똥을 지배하는 자는 누구일까요?
- 여러 똥으로 N행시를 지어 보세요.
- '똥' 이야기로 동시를 지어 보세요.

읽고 나서 함께해요
- 똥행시
- 똥을 지배하는 자

함께 읽어 보면 좋은 책
- 『숙제 안 한 날』 박미림 글, 백명식 그림, 고래책빵
- 『끝말잇기 동시집』 박성우 글, 서현 그림, 비룡소
- 『첫말 잇기 동시집』 박성우 글, 서현 그림, 비룡소
- 『고양이 약제사』 박정완 글, 현민경 그림, 문학동네

똑똑 문해력 활동지 1

똥행시

지은이 : 송유경

당 나귀야, 당나귀야

나 무 옆에다가

귀 엽고 깜찍하게

똥 싸 라~! 댕글댕글 똥똥똥!

물 좀 잘 내려 주겠니?

아껴쓰자! 울랄라

똑똑 문해력 활동지 2

똥을 지배하는 자

지은이 : 진유준

똥을 지배하는 자는 변기

변기를 지배하는 자는 엉덩이

엉덩이를 지배하는 자는 팬티

팬티를 지배하는 자는 바지

바지를 지배하는 자는 다리

다리를 지배하는 자는 나

나를 지배하는 자는 엄마

엄마가 왕이네

- <똥을 지배하는 자2> 동시를 나만의 동시로 바꾸어서 써보세요.

33 행복 교실

사랑은 123

밤코 글·그림 | 바둑이하우스

엄마와 아빠가 만나 아이를 탄생시키기까지의 과정을 1에서 10까지의 숫자로 그려 냈어요. 시간의 흐름에 따라 만남, 다툼, 화해 그리고 가족의 완성이 숫자의 변화와 함께 자연스럽게 하나의 이야기로 연결되어요. 가족을 이루는 일은 낯설고 힘들지만, 분명 하루하루 신비로운 감동을 채워 가는 일이에요.

#사랑 #탄생 #만남 #다툼 #화해 #가족의완성 #숫자

읽기 전에 생각해요
- 사랑은 어떤 것이라고 생각하나요?
- (앞표지를 보고) '사랑은 123'은 어떤 의미일까요?
- 별이 바다에 빠진 이유는 무엇일까요?

읽고 나서 질문해요
- 사랑은 어디에서 오는 걸까요?
- 바다에 빠진 별은 무엇이었나요?
- 진짜 사랑은 무엇이었나요?
- 숫자로 사랑이 담긴 편지를 써 본다면 어떻게 쓰고 싶나요?

읽고 나서 함께해요
- 사랑은 123

함께 읽어 보면 좋은 책
- 『있는 그대로 너를 사랑해』, 엠마 도드 글·그림, 신대리라 옮김, dodo
- 『사랑해 사랑해 언제까지나』, 아멜리아 헵워스 글, 팀 원스 그림, 권효정 옮김, 유나(YUNA)
- 『블록사랑』, 크리스토퍼 프랜시스첼리 글, 페스키 스튜디오 그림, 김영선 옮김, 보림
- 『나는 세상을 만나』, 임금님 글·그림, 느린서재

사랑은 1 2 3 날짜: 5월 6일
이름: 신아원

숫자를 오려서 사랑이 담긴 편지를 완성해 보세요.

34. 수줍은 괴물 조르지오

행복 교실

다비드 칼리 글 | 스테파노 마르티누즈 그림 | 김여진 옮김 | 노는날

조르지오는 수줍음이 많은 괴물이에요. 이름을 부르거나, 아는 사람을 만나도 영락없이 얼굴이 새빨개졌죠. 조르지오는 늘 빨개지는 얼굴을 감추고 싶었어요. 결국 조르지오는 '수줍은 어린이 동아리'에 가입하기로 했어요. 동아리 괴물 친구들은 가만히 조르지오를 지켜봐 주었어요. 함께 고민을 나누고, 서로를 응원하는 아름다운 우정으로 가득 찬 그림책이에요.

#수줍음 #괴물 #친구 #치료법 #부끄러움

읽기 전에 생각해요
- '괴물' 하면 무엇이 떠오르나요?
- '수줍다'는 무슨 뜻일까요?
- 조르지오는 언제 가장 수줍어할까요?
- 나는 수줍었던 적이 있었나요?

읽고 나서 질문해요
- 조르지오가 얼굴이 빨개질 때는 언제인가요?
- 친구들은 조르지오를 위해 어떤 치료법을 알려 주었나요?
- 조르지오의 수줍음을 이겨 내는 비결은 무엇이었나요?
- 수줍음을 이겨 내는 나만의 비결은 무엇인가요?
- 수줍음을 이겨 낸 조르지오와 친구들에게 어떤 칭찬을 해 주고 싶나요?

읽고 나서 함께해요
- 칭찬합니다
- 트로피 만들기

함께 읽어 보면 좋은 책
- 『빨간풍선』, 황수민 글·그림, SANG출판시
- 『부끄러워도 괜찮아』, 황선화 글·그림, 모든요일그림책
- 『나의 수줍음에게』, 세브린 비달 글, 마리 레기마 그림, 신정숙 옮김, 책연어린이출판사
- 『부끄럼쟁이 월터의 목소리 찾기』, 앤 킴 하 글·그림, 서남희 옮김, 국민서관

똑똑 문해력 활동지 1

칭찬합니다

수줍은 친구들과 조르지오

위 친구들은 수줍음을 이겨내고 서로에게 힘이 되어주는 멋진 친구가 되었기 때문에 칭찬상을 드립니다.

2024년 11월 13일

김현우

행복 교실

완벽한 크리스마스를 보내는 방법

에밀릿 그래빗 글·그림 | 신수진 옮김 | 비룡소

써니는 새로운 곳에 도착할 때마다 늘 자신을 기다리고 있을 가족들에게 편지를 띄워요. 써니가 보내 온 카드에는 새로운 크리스마스에 대해, 자신이 발견한 것에 대한 설렘과 실망 그리고 가족을 보고 싶은 마음이 모두 담겨 있어요. 써니가 보내온 카드를 통해 지구 곳곳의 새롭고 다채로운 크리스마스를 경험할 수 있어요. 소중한 사람들과 나누는 시간과 사랑의 마음을 들여다볼 수 있는 책이에요.

#크리스마스 #사막 #완벽한 #다채로움 #가족의소중함 #편지 #진정한행복

읽기 전에 생각해요
- '크리스마스' 하면 떠오르는 것은 무엇인가요?
- 완벽한 크리스마스를 보내는 방법은 무엇인가요?
- 미어캣이 사는 곳은 어디인가요?
- 사막에서의 크리스마스 풍경은 어떨까요?

읽고 나서 질문해요
- 미어캣 써니는 다른 나라에 갔을 때 가족들에게 왜 편지를 썼나요?
- 코알라 케빈이 사는 오스트레일리아의 크리스마스는 어땠나요?
- 안경원숭이 트레버가 사는 필리핀에서는 완벽한 크리스마스 조건 중 무엇이 충족되었나요?
- 완벽한 크리스마스는 어떤 것이라고 생각하나요?

읽고 나서 함께해요
- 완벽한 크리스마스 상자

함께 읽어 보면 좋은 책
- 『아기 쥐 스텔라의 특별한 크리스마스』, 이자벨라 팔리아 글, 파올로 프로이에티 그림, 김지우 옮김, 피카주니어
- 『아기 다람쥐의 크리스마스』, 도요후쿠 마키코 글·그림, 김소연 옮김, 천개의바람
- 『무민 가족과 크리스마스 대소동』, 토베 얀손 글, 필리파 비들룬드 그림, 이유진 옮김, 어린이작가정신

완벽한 크리스마스 상자

완벽한 크리스마스를 보내기 위해 필요한 것들을
카드에 적어서 상자에 담아보세요.

날짜 : 12/23 이름 : 조규연

완벽한 크리스마스 상자

완벽한 크리스마스를 보내기 위해 필요한 것들을
카드에 적어서 상자에 담아보세요.

산타할아버지	치킨	
	가족	케이크
루돌프	산타	트리

행복 교실

우리 모두의 하루

김현주 글·그림 | 바이시클

오늘 하루는 어땠나요? 오늘은 어제와 같기도, 다르기도 하지요. 매일매일 반복되지만 매일매일 달라지는 우리들의 하루하루는 우리 안의 책으로 저장되어 우리의 이야기를 기억하고 있습니다. 이 책은 하루 속에서 다양한 직업인이 자신의 삶을 살아가며 경험하는 사건들로 구성되어 있습니다. 그들의 일과를 따라가며 각자의 상상력을 더해 하루의 이야기를 만들어 보세요.

#하루 #매일 #시간 #계획 #일상 #기록

읽기 전에 생각해요
- 어떤 마음으로 하루를 시작하나요?
- 오늘 하루는 무엇을 하며 보낼 것 같나요?
- 우리 가족은 어떤 하루를 보냈으면 좋겠나요?

읽고 나서 질문해요
- 아침에 골목에서는 어떤 소리가 들렸나요?
- 나는 무엇을 하며 하루를 시작하나요?
- 하루가 답답하거나 복잡하게 느껴질 때 어떻게 했나요?
- 내가 기억하는 아픈 하루, 놀이가 된 하루는 언제였나요?
- 평범하지만 행복이 스며든 나의 하루를 계획해 보세요.

읽고 나서 함께해요
- ○○의 하루

함께 읽어 보면 좋은 책
- 『토리의 특별한 하루』 윤아 글·그림, 아트북차일드
- 『같은 시간, 다른 순간』 황성혜 글·그림, 달그림
- 『매일, 살림』 김지혜 글·그림, 보림
- 『모두의 하루』 다케우치 치히로 글·그림, 김숙 옮김, 아르볼

똑똑 문해력 활동지

2024년 11월 14일 목요일

승규 의 하루

오늘 나의 하루는 어땠나요? 나의 하루를 일기로 써보세요.

아침에 알람 소리를 들으며 하루를 시작했다.
맛있는 계란밥 먹고, 힘차게 학교로 향했다.
학교에서 줄넘기도 하고, 토론도 하고,
책도 읽고, 우유도 먹고, 방귀도 꾸고, 공부도 했다.
잠깐 하늘을 올려다 보았는데, 해님이 나를 보며
한마디 했다. "힘내라, 아자아자!"
오늘 하루는 조금은 화가나기도 했지만,
아름답고, 뿌듯하고, 통쾌하고, 감사한 하루였다.

쿵쿵 아파트

전승배, 강인숙 글·그림 | 창비

이른 아침, 쿵쿵 아파트 1층에 사는 염소 청년이 노래를 불러요. 하지만 너무 시끄러운 소음에 더 이상 연습을 할 수 없게 되지요. 다른 층에 살고 있는 동물 이웃들도 염소 청년처럼 층간 소음으로 불편을 겪어요. 쿵쿵 아파트의 이웃들은 층간 소음 문제를 어떻게 해결해 나갈까요?

#아파트 #이웃 #층간소음 #갈등 #불편 #배려

읽기 전에 생각해요
- (앞표지를 보고) 왜 쿵쿵 아파트일까요?
- 쿵쿵 아파트에서는 무슨 일이 생겼을까요?
- 동물 친구들이 있는 곳은 어디일까요?
- 옥상에 올라온 동물 친구들은 무엇을 보고 놀랐나요?

읽고 나서 질문해요
- 노래를 부르던 염소 청년은 왜 연습을 할 수 없게 되었나요?
- 이웃들은 어떤 불편함을 가지고 있었나요?
- 이웃들은 왜 옥상에 올라갔나요?
- 이웃들은 소음 문제를 어떻게 해결했나요?
- 이웃과 함께 살기 위해 어떤 배려가 필요하다고 생각하나요?

읽고 나서 함께해요
- 쿵쿵 아파트

함께 읽어 보면 좋은 책
- 『층간소음의 비밀』, 변정원 글·그림, 보림
- 『901호 띵똥 아저씨』, 이욱재 글·그림, 누란돼지
- 『공룡이 쿵쿵쿵』, 윤미경 글·그림, 국민서관
- 『으아아아』, 길레르미 카르스텐 글·그림, 김영선 옮김, 국민서관
- 『버럭 아파트』, 전은희 글, 이유진 그림, 다림

똑똑 문해력 활동지

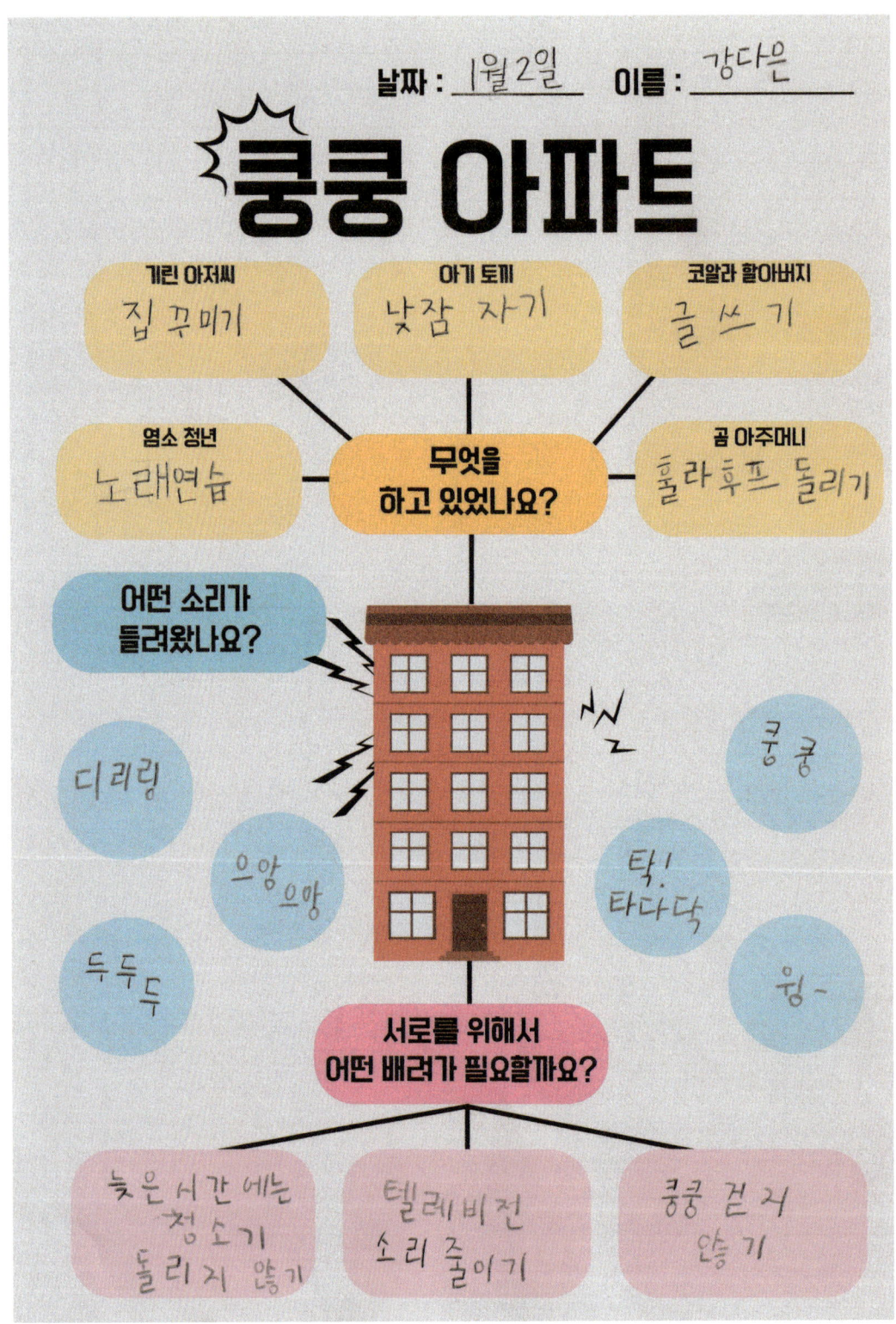

38 전쟁이 터졌대요!

더불어 교실

로렌초 콜텔라치 글 | 비올라 굴로 그림 | 이승수 옮김 | 두마리토끼책

제라도는 아이스크림을 먹으려고 봉지를 뜯어 땅에 버렸어요. 아이스크림 봉지 하나가 바람에 타고 날아가 시작된 이야기는 결국 이웃한 두 나라의 전쟁으로까지 이어져요. 이렇게 아주 작은 사소한 일이 어떤 결과로 나타나는 상황을 '나비효과'라고 해요. 아이스크림 봉지 하나 버렸을 뿐인데 어쩌다가 이렇게 되어 버렸을까요?

#전쟁 #사회 #더불어살기 #이해와사랑 #편견 #평화

읽기 전에 생각해요
- (앞표지를 보고) 무슨 전쟁이 터졌을까요?
- 사람들은 왜 싸우고 있을까요?
- 아이는 무엇을 하고 있나요?

읽고 나서 질문해요
- 산책 나온 아저씨는 왜 아이들이 쓰레기를 버렸다고 생각했나요?
- 아저씨에게 한 소리를 들은 아이들은 어떻게 했나요?
- 경찰이 하던 일을 중단하자 마을에는 어떤 일이 벌어졌나요?
- 내가 했던 행동이 생각지도 못한 결과를 가져온 경험이 있나요?
- 무심코 한 일이 큰일이 되었어요. 각자 맡은 일을 해내는 것은 왜 중요할까요?

읽고 나서 함께해요
- 나비 전쟁
- 껍데기도 다시 보자!

함께 읽어 보면 좋은 책
- 『색깔 전쟁』 지모 아바디아 글·그림, 김지애 옮김, 스푼북
- 『풀밭 뺏기 전쟁』 바두르 오스카르손 글·그림, 권루시아 옮김, 진선아이
- 『여섯 사람』 데이비드 매키 글·그림, 김중철 옮김, 비룡소
- 『마주한 두 행성의 별자리 지도 전쟁』 마수드 가레바기 글·그림, 라미파 옮김, 한울림어린이
- 『만들다』 다니카와 슌타로 글, 후쿠다 이와오 그림, 김숙 옮김, 북뱅크

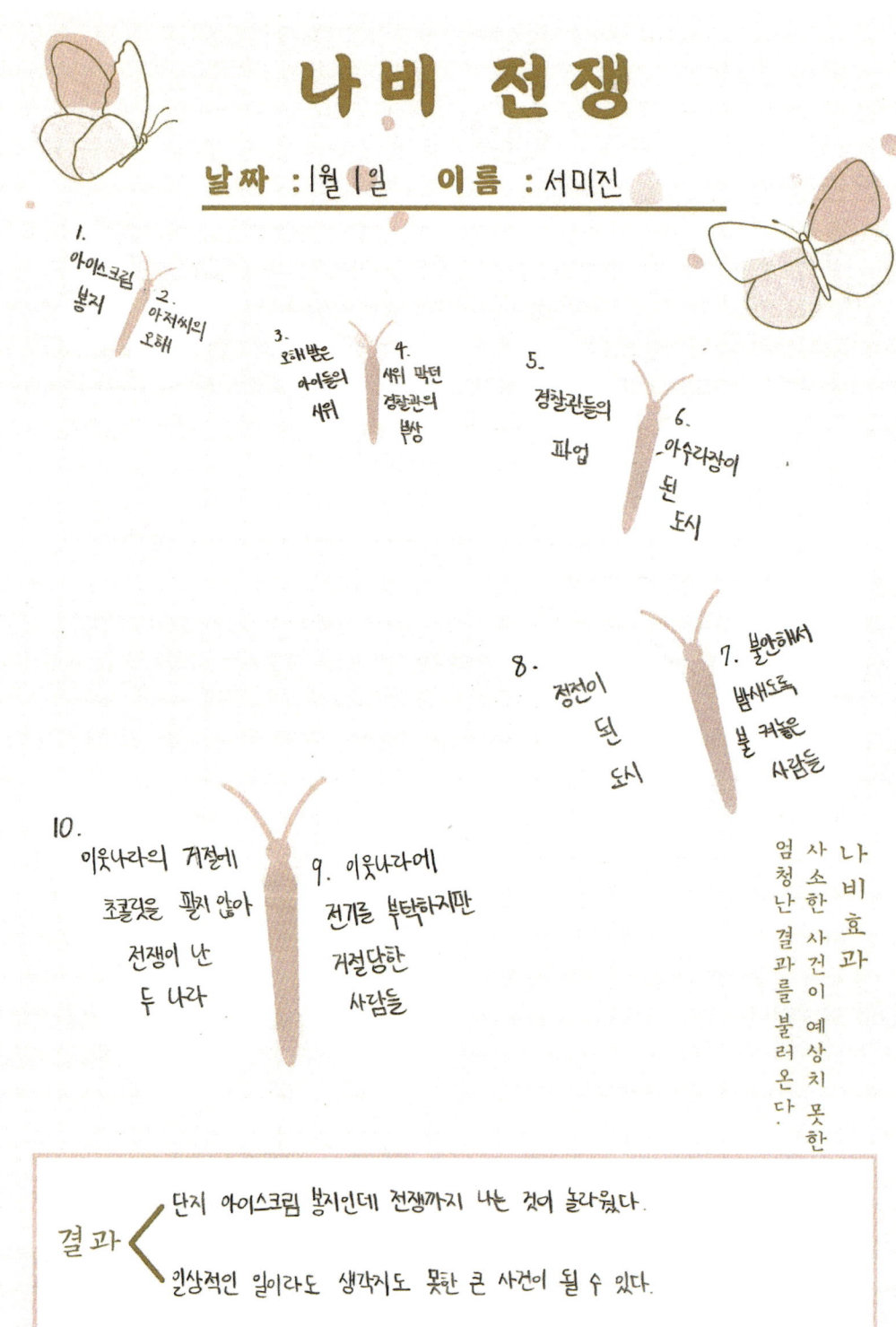

똑똑 문해력 활동지 2

껍데기도 다시보자!

쓰레기를 아무데나 버리지 않도록 따끔한 표어를 만들어 보세요.

날짜 : 4월 22일   이름 : 강승규

- 무심코 던진 쓰레기 무섭게 돌아 온다.
- 너도나도 주워라! 안그러면 죽는다.
- 아무데나 버리다간 아무도 모르게 벌받는다.
- 맛있게 먹었으면 멋있게 버립시다!

39 우리 동네는 접경 지역

더불어 교실

진수경 글·그림 | 호랑이꿈

전 세계에서 유일한 분단국가인 우리나라는 군사 분계선을 경계로 남과 북이 나뉘어 있어요. 그곳과 인접한 지역을 접경 지역이라고 불러요. 이 동네는 도로 한가운데로 탱크 행렬이 지나가고 한밤중에 헬기들이 날아다니고, 포탄 터지는 소리에 땅이 울리기도 하지요. 상점, 버스, 거리 등 동네 곳곳에서 군인들이 북적거리고요. 우리나라의 특수한 상황과 지역 사회의 다양성을 따뜻한 일상으로 담아낸 책이에요.

#전쟁 #비무장지대 #군인 #접경지역 #우리동네

읽기 전에 생각해요
- '접경 지역'이라는 말을 들어 본 적 있나요?
- 우리 동네에는 왜 군인, 헬기, 탱크가 다닐까요?
- 우리 동네가 접경 지역이라면 어떨까요?

읽고 나서 질문해요
- '접경 지역'은 무슨 뜻일까요?
- 어디를 가든 군인, 탱크를 만나는 까닭은 무엇인가요?
- 접경 지역에서만 볼 수 있는 가게는 무엇인가요?
- 만약 내가 접경 지역에 산다면 어떤 좋은 점과 나쁜 점이 있을까요?
- 내가 만약 접경 지역에 산다면 우리 동네를 어떤 지역이라고 소개하고 싶나요?

읽고 나서 함께해요
- 우리 동네는 ○○지역

함께 읽어 보면 좋은 책
- 『기차』 천미진 글, 설동주 그림, 발견(키즈엠)
- 『기이한 DMZ 생태공원』 강현아 글·그림, 소동
- 『비무장지대에 봄이 오면』 이억배 글·그림, 사계절
- 『우리 할머니는 DMZ에 살아요』 정유아 글·그림, 메이킹북스

똑똑 문해력 활동지

40 두 도시 아이 이야기

더불어 교실

ㅎㅂㅆ 글·그림 | 바둑이하우스

서울에 사는 베트남 혼혈인 아이와 다낭에 사는 한국 혼혈인 아이의 하루를 그렸어요. 얼굴도 환경도 다르지만 두 아이의 마음은 어딘지 닮았어요. 엄마와 함께 학교 가는 길에서 사람들은 엄마와 아이를 보고 수군거려요. 생김새가 다른 건 틀린 게 아닌데 말이에요. 겉으로 보이는 다른 점보다 마음으로 공감하는 닮은 점을 찾아낸 그 순간, 마치 소풍에서 보물찾기의 쪽지를 발견한 것 같은 감동을 느낄 수 있어요.

#다문화 #세계어린이 #다양성 #가족 #존중 #문화

읽기 전에 생각해요
- 다른 나라에 가본 적이 있나요?
- (앞표지, 뒤표지를 보고) 어느 나라일까요?
- 두 도시의 같은 점은 무엇일까요?

읽고 나서 질문해요
- 두 도시의 아이는 어떤 점이 같고, 어떤 점이 달랐나요?
- 두 아이는 왜 학교에 가기 싫어했나요?
- 두 아이가 친구에게 마음을 열었던 이유는 무엇인가요?
- 다른 나라 사람과 결혼한 부부와 그 자녀로 이루어진 가정을 어떻게 부르나요?
- 친구들과 한마음이 되려면 어떻게 해야 하나요?

읽고 나서 함께해요
- 하나가 되기 위한 우리의 약속

함께 읽어 보면 좋은 책
- 『나는 인도에서 왔어요』, 임서경 글, 이수아 그림, 키즈엠
- 『살색은 다 달라요』, 캐런 카츠 글·그림, 신형건 옮김, 보물창고
- 『피부색은 달라도 우리는 친구』, 미로 프레만 글·그림, 최용은 옮김, 키즈엠
- 『이모의 결혼식』, 선현경 글·그림, 비룡소
- 『맛있는 동그라미』, 이송은 글, 오종일·지민철 그림, 동화가있는집

똑똑 문해력 활동지

두 도시 아이 이야기

하나가 되기 위한
우리의 약속

1. 다르다고 차별하지 않기
2. 다른 점 보다 같은점을 바라 보기
3. 다른나라 문화 존중 하기

날짜 : 1월 3일   이름 : 강다은

같이 놀자!   우린 모두 친구~   달라도 괜찮아!

특별 교실

두근두근 1학년 새 친구 사귀기

송언 글 | 서현 그림 | 사계절

도훈이는 힐끔힐끔 윤하를 곁눈질해요. 윤하랑 사귈 기회를 엿보는 거지요. 하지만 짝을 바꾸는 날마다 윤하랑 짝 되기가 쉽지 않아요. 결국 선생님을 조르고 졸라 짝이 된 날, 옆 친구 우찬이가 엄포를 놓아요. "바보야, 여자 친구가 좋다고 남자가 '이히히' 웃으면 밤에 귀신이 나타나." 이때부터 도훈이의 고민이 시작되어요. 과연 윤하만 보면 얼떨결에 나오는 '이히히'를 참을 수 있을까요?

#시작 #새학기 #친구 #친구사귀기 #학교생활 #1학년

읽기 전에 생각해요
- (앞표지를 보고) 친구는 왜 이런 표정을 지었을까요?
- 친구는 무엇을 보고 있을까요?
- (뒤표지를 보기 전에) 친구가 뒤에 뭔가를 숨기고 있다고 하는데 무엇일까요?
- 새 친구를 사귀는 방법은 무엇이 있을까요?

읽고 나서 질문해요
- 도훈이는 윤하랑 왜 짝꿍이 되고 싶었나요?
- 윤하는 도훈이를 어떻게 생각했나요?
- 낯선 친구를 사귈 때 나는 어떤 마음을 가져야 할까요?
- 나는 어떤 친구가 짝이 되길 바라나요?
- 나는 어떤 친구인가요?

읽고 나서 함께해요
- 친구 유형 테스트
- 두근두근 책가방 챙기기

함께 읽어 보면 좋은 책
- 『친구 사귀기』 김영진 글·그림, 길벗어린이
- 『알사탕』 백희나 글·그림, 스토리보울
- 『꽃무늬 고양이 비누』 소호랑 글·그림, 킨더랜드
- 『친구를 모두 잃어버리는 방법』 낸시 칼슨 글·그림, 신형건 옮김, 보물창고

똑똑 문해력 활동지 1

친구 유형 테스트

네 ⟫
아니오 ⟫

시작

다른 사람을 잘 도와줘요	인사를 잘한다는 칭찬을 자주 들어요	정해진 규칙을 지키려고 항상 노력해요	나는 끈기가 있어요
나는 단짝 친구가 있어요	가끔은 친구와 싸우기도 해요	나는 수학이 좋아요	맛있는 음식을 먹을 때 가장 행복해요
학교 가는 길이 설레요	어딜 가든 친구와 함께 가고 싶어요	친구들이 나를 별명으로 불러요	친구는 많을수록 좋아요
나는야, 조용하고 믿음직한 친구	나는야, 예의 바르고 긍정적인 친구	나는야, 활발하고 책임감 강한 친구	나는야, 재미있는 인기 만점 친구

나는야, __활발하고 책임감 강한__ __국어를 좋아하는__ 친구 입니다.

똑똑 문해력 활동지 2

두근두근 책가방 챙기기

날짜 1월 15일
이름 조규연

두근두근! 새롭게 시작하는 나의 책가방을 챙겨보세요.
새로운 친구들과 만나는 나의 다짐도 함께 적어보세요.

조규연

두근두근 책가방 챙기기

날짜 1월 15일
이름 조규연

두근두근! 새롭게 시작하는 나의 책가방을 챙겨보세요.
새로운 친구들과 만나는 나의 다짐도 함께 적어보세요.

풀칠

투명파일
가위와 풀
교과서 국어 (2)학년
필통
연필과 지우개
물병
휴지

나의 다짐
넌 할수있어!
용기 얍얍!

42 특별 교실

태극기는 참 쉽다

이형진 글·그림 | 풀빛

태극기를 본 적은 있어도 태극기가 어떤 뜻을 품고 있는지를 아는 아이는 많지 않아요. 어렵고 복잡해 보이는 태극기가 얼마나 쉽고 재미있는지, 그 안에 얼마나 큰 세상을 품고 있는지를 알기 쉽게 알려 주는 그림책이에요. 태극기를 그리는 방법, 태극기에 담긴 의미를 아이들의 눈높이에 맞춰 설명해 주어요.

#대한민국 #국기 #태극기 #태극 #건곤감리 #4괘

읽기 전에 생각해요
- '대한민국' 하면 떠오르는 것은 무엇인가요?
- 우리나라 국기 이름은 무엇인가요?
- 태극기를 그릴 수 있나요?

읽고 나서 질문해요
- 태극기에는 무엇이 담겨 있나요?
- 태극기에 담긴 의미는 무엇인가요?
- 태극기는 언제 달까요?
- 태극기를 다는 방법은 어떻게 나뉘어 있나요?

읽고 나서 함께해요
- 알아봐요, 태극기!

함께 읽어 보면 좋은 책
- 『안녕, 태극기!』 박윤규 글, 백대승 그림, 푸른숲주니어
- 『모두의 태극기』 박수현 글, 진수경 그림, 책읽는곰
- 『하늘 높이 태극기』 어린이 통합교과 연구회 글, 노은정 그림, 상상의집
- 『태극기 다는 날』 김용란 글, 강지영 그림, 한솔수북

똑똑 문해력 활동지

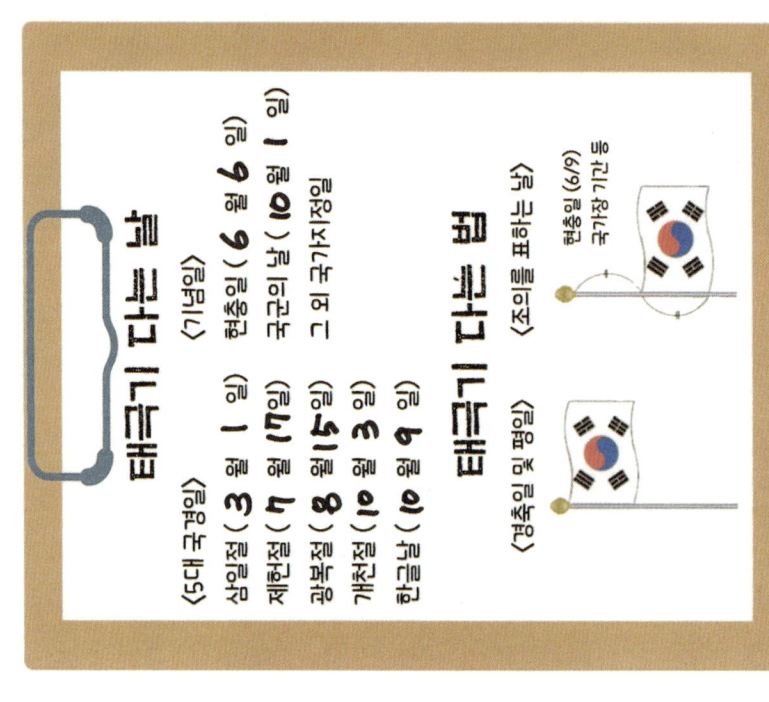

태극기 다는 날

〈5대 국경일〉
- 삼일절 (**3** 월 **1** 일)
- 제헌절 (**7** 월 **17** 일)
- 광복절 (**8** 월 **15** 일)
- 개천절 (**10** 월 **3** 일)
- 한글날 (**10** 월 **9** 일)

〈기념일〉
- 현충일 (**6** 월 **6** 일)
- 국군의 날 (**10** 월 **1** 일)
- 그 외 국가지정일

태극기 다는 법

〈조의를 표하는 날〉
현충일 (6/9)
국가장 기간 등

〈경축일 및 평일〉

태극기는 반쪽만 풀칠을 한 후 책 앞 중앙에 붙여주세요!

빈칸을 채우고 태극기 책 뒷면에 붙여주세요.

이름을 쓰고 태극기 책 앞에 붙여주세요.

장 예 진

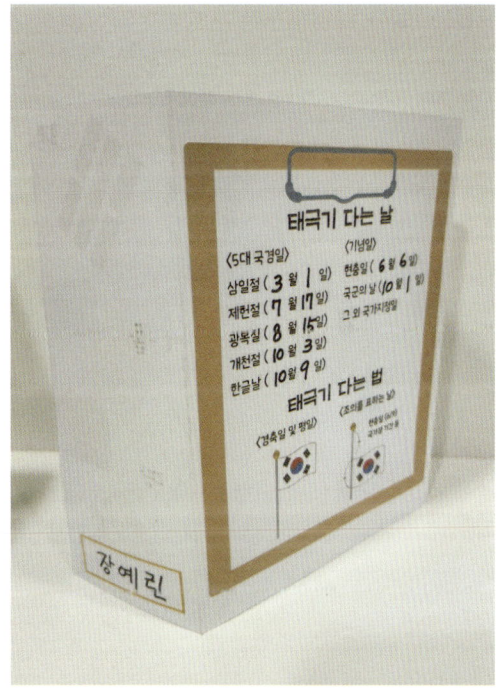

43 독도 바닷속으로 와 볼래?

특별 교실

명정구, 안미란 글 | 이승원 그림 | 봄별

동해 한가운데, 독도 바닷속 아래에는 이마에 혹이 달린 혹돔 영감님이 살아요. 혹돔은 아침 일찍 일어나 날마다 독도 한 바퀴를 산책하지요. 독도를 지키는 터줏대감, 혹돔의 하루를 따라가 보세요. 울창한 바다 숲과 멋들어진 바위를 지나 다양하고 신비로운 해양 생물과 인사하다 보면 우리 바닷속과 더욱 친해질 거예요.

#독도 #혹돔 #독도바다생물 #해양생물 #파수꾼

읽기 전에 생각해요
- 우리나라에서 가장 먼저 해가 뜨는 곳은 어디일까요?
- (앞표지를 보고) 무엇이 보이나요?
- 독도 바닷속에는 무엇이 있을까요?

읽고 나서 질문해요
- 독도는 왜 외롭지 않다고 했나요?
- 독도에서 지금은 사라진 친구는 누구인가요?
- 독도를 지키는 터줏대감은 누구인가요?
- 오징어 떼가 독도로 몰려간 까닭은 무엇인가요?
- 매일 독도를 돌아보는 혹돔 영감에게 하고 싶은 말은 무엇인가요?

읽고 나서 함께해요
- 독도 바닷속으로 와 볼래?

함께 읽어 보면 좋은 책
- 『보물섬 독도네 시리즈』 심수진 글, 김영곤 외 3명 그림, 연두세상
- 『바다사자의 섬』 유영초 글, 오승민 그림, 느림보
- 『미안해, 독도 강치야!』 윤문영 글·그림, 파랑새
- 『우리 독도에서 온 편지』 윤문영 글·그림, 계수나무(개정판)

똑똑 문해력 활동지

독도 바닷속으로 와 볼래?

삼각북을 만들어 혹돔 영감님과 친구들이 사는 독도 바다를 만들어주세요.
그리고 매일 독도 바다를 순찰하는 혹돔 영감님에게 하고 싶은 말을 전해보세요.

날짜: 4월 23일
이름: 이현호

오려서 삼각북 뒷면에 붙여주세요.

------ 접는 선   ——— 자르는 선

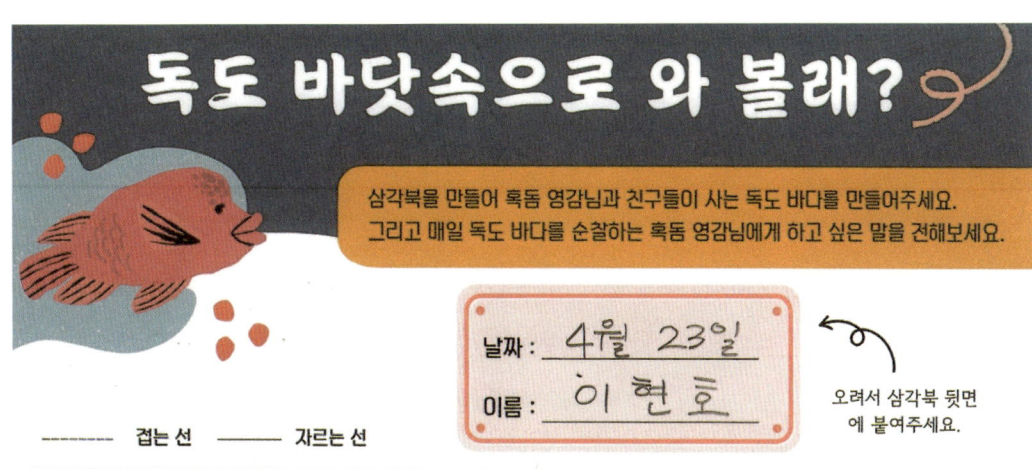

친구들

독도와 강치 바깥쪽 테두리를 따라 오려서 삼각북 꼭대기에 붙여주세요.

혹동 할아버지, 감사합니다.

혹동영감에게 하고 싶은 말을 써서 삼각북 바닥에 붙여주세요.

독도에 대해 더 많이 알아 볼께요.

독도를 널리 알리겠습니다.

혹동 영감과 독도 바닷속 친구들을 오려서 붙여주세요.
폼 양면테이프를 사용하여 붙이면 입체적 표현이 가능해요.

44 곤을동이 있어요

특별 교실

오시은 글 | 전명진 그림 | 바람의아이들

텅빈 해안가 마을, 남겨진 밭담 그곳에 곤을동이 있어요. 곤을동은 제주 4·3 사건의 비극을 고스란히 보여 주어요. 봄에는 꽃나무, 여름에는 멸치잡이, 가을에는 연자방아, 겨울에는 두툼한 눈이불로 덮이던 곤을동은 이제 모두 사라지고 없는 쓸쓸한 폐허가 되었어요. 이 사라진 마을 곤을동의 이야기를 담은 그림책이에요.

#곤을동 #잃어버린마을 #제주4.3 #동백꽃 #기억해야할역사

읽기 전에 생각해요
- 곤을동은 어디에 있을까요?
- (앞표지를 보고) 무엇이 보이나요?
- 어떤 느낌이 드나요?

읽고 나서 질문해요
- 곤을동은 어떤 마을이었나요?
- 뒤숭숭한 소문은 어떤 소문이었을까요?
- 곤을동은 왜 잃어버린 마을이 되었을까요?
- 불덩이가 된 마을, 사라진 사람들을 무엇으로 표현했나요?
- 모든 일을 지켜본 곤을동 마을 바위는 어떤 기분일까요?
- 흔적만 남은 곤을동을 지금도 바라보고 있는 바위에게 해 주고 싶은 말은 무엇인가요?

읽고 나서 함께해요
- 곤을동 바위에게 쓰는 편지

함께 읽어 보면 좋은 책
- 『다랑쉬굴 아이』 김미승 글, 이소영 그림, 한울림어린이
- 『무등이왓에 부는 바람』 김영화 글·그림, 이야기꽃
- 『동백꽃이 툭,』 김미희 글, 정인성 그림, 토끼섬
- 『동박새가 된 할머니』 박상재 글, 이유진 그림, 나한기획
- 『무명천 할머니』 정란희 글, 양상용 그림, 스콜라

똑똑 문해력 활동지

곤을동 바위에게 쓰는 편지

4.3사건과 세월을 묵묵히 견뎌온 곤을동 바위에게 하고 싶은 말을 전해보세요.

곤을동 바위야
나는 강승규야
너의 이야기를 듣고
너무 가슴이 아팠어
언젠가 너를 만나서
위로해 주고 싶어.
꼭 우리 만나자!
2024. 4. 3. 수요일

Postcard

받는 사람
제주도 제주시 화북1동 4429 곤을동 바위에게

보내는 사람
화성시 신영통현대아파트

〈동백꽃 만드는 법〉

1. 꽃잎과 나뭇잎, 노란 동그라미 모두 오려주세요.

2. 꽃잎의 실선을 자른 다음 살짝 겹치게 붙여주세요.

3. 꽃잎을 오아 붙여주세요. 중앙에 풀칠하면 됩니다.

4. 노란 동그라미를 꽃 중앙에 붙이고 원하는 색의 잎을 붙여주세요.

특별 교실

어서 와, 도서관은 처음이지?

이주희 글·그림 | 개암나무

도서관을 낯설어하던 아이가 도서관의 새로운 모습을 알아 가는 과정을 그렸어요. 도서관은 책이라는 새로운 세상과 아이들을 연결해 주는 특별한 공간이에요. 아이들은 도서관에서 다양한 책을 만나며 저마다의 세상을 만들어 가게 돼요. 나와 책을 이어 주는 특별한 공간, 도서관에 놀러 가요!

#도서관 #책 #독서 #장서 #서가 #사서 #자료실 #낯설음

읽기 전에 생각해요
- 도서관에 가 본 적이 있나요?
- 도서관은 무엇을 하는 곳인가요?
- '도서관' 하면 떠오르는 것은 무엇인가요?

읽고 나서 질문해요
- 도윤이는 도서관에 무엇을 하러 가나요?
- 도윤이가 생각하는 도서관은 어떤 곳인가요?
- 도윤이가 보라책을 보고 어떤 일이 벌어졌나요?
- 노랑이가 알려 준 것 중에 기억에 남는 것은 무엇인가요?
- 내가 읽은 책 중에서 제일 기억에 남는 책을 뽑는다면 어떤 책인가요?
- 내가 읽은 책 중에서 친구들에게 소개하고 싶은 책은 무엇인가요?

읽고 나서 함께해요
- 이 책을 추천합니다

함께 읽어 보면 좋은 책
- 『도서관에 놀러 가요!』 톰 채핀, 마이클 마크 글, 척 그로닝크 그림, 명혜권 옮김, 다림
- 『오늘은 도서관 가는 날』 조셉 코엘로우 글, 피오나 룸버스 그림, 명혜권 옮김, 노란돼지
- 『도서관에 간 여우』 로렌츠 파울리 글, 카트린 쉐어 그림, 노은정 옮김, 사파리
- 『도서관에서 길을 잃었어』 조쉬 펑크 글, 스티비 루이스 그림, 마술연필 옮김, 보물창고
- 『도서관 탐구생활』 사이토 히로시 글, 다나카 로쿠다이 그림, 김숙 옮김, 북뱅크

특별 교실

돈이 왜 필요할까?

사라 월든 글 | 케이티 루스 그림 | 이채이 옮김 | 봄마중

초등 저학년 어린이들에게 돈에 대한 개념을 알려 주는 책이에요. 사람들은 돈을 어떻게 버는지, 전 세계 어디서나 돈은 똑같은지, 저금을 하면 왜 이자가 붙는지, 그리고 돈이 문제를 일으키기도 하는지 등에 대한 질문을 던지면서 돈이란 무엇이고, 왜 필요하며 우리는 돈을 어떻게 모으고 사용해야 하는지 설명해 주어요.

#돈 #초등경제교육 #세금 #물물교환 #통화 #환율 #금리 #인플레이션

읽기 전에 생각해요
- 돈이 왜 필요할까요?
- 돈은 누가 관리하나요?
- 돈이 생기기 전에는 물건값을 어떻게 계산했을까요?

읽고 나서 질문해요
- 돈은 어떻게 생겼나요?
- 돈은 어디에 사용되나요?
- 돈은 어떻게 늘어날까요?
- 교육이나 교통, 쓰레기 수거, 의료 등에 사용하기 위해 국민이 나라에 내는 돈은 무엇인가요?
- 돈의 미래는 어떻게 될까요?

읽고 나서 함께해요
- 돈돈 가로세로 퀴즈

함께 읽어 보면 좋은 책
- 『서연이와 한준이의 재미있고 신나는 경제 교실』 김인철 글, 안혜란 그림, 청어람주니어
- 『괴물 나라 경제 이야기』 로렌 리디 글·그림, 이선오 옮김, 미래아이
- 『돈, 돈, 돈이 궁금해』 은예숙 글, 김고은 그림, 웅진주니어
- 『100원이 작다고?』 강민경 글, 서현 그림, 창비

똑똑 문해력 활동지

돈돈 가로세로 퀴즈

가로세로 문제를 읽고 낱말 퍼즐을 완성해 보세요.

날짜: 7월 10일
이름: 정민규

〈가로〉

① 돈을 사용하지 않고, 물건과 물건을 직접 교환하는 것
③ 국가나 경제권에서 공식적으로 사용하는 돈
 (예:한국 원(₩): 우리가 사용하는 한국 돈)
④ 부모님이나 보호자가 아이들에게 필요한 물건을 사거나, 소소한 활동을 할 수 있도록 주는 돈
⑦ 물건이나 서비스를 살 때 내는 세금
⑩ (돈을 쓰지 않고 모으는 것)
⑫ 돈을 빌려준 대가로 받는 돈 (예: 은행에 돈을 맡기면 받는 돈)
⑬ 정부가 모든 사람에게 정기적으로 일정한 금액의 돈을 주는 것을 말해요. 이 돈은 일을 하지 않더라도 모든 사람에게 똑같이 지급돼요.

〈세로〉

① (일정한 모양을 갖추고 손으로 만질수 있는것)
② 한 나라의 돈을 다른 나라의 돈과 바꿀 때의 비율
③ 돈을 넣어 보관하는 통
④ 사람들이 물건을 사고팔 때 사용하는 돈. 우리가 일상 생활에서 사용하는 지폐와 동전
⑤ 물건이나 서비스가 실제로 거래된 가격
⑥ 시간이 지나면서 물건이나 서비스의 가격이 계속해서 오르는 현상
⑦ (돈이 많은 사람)
⑧ 물건이나 서비스의 가치를 나타내는 돈의 양
⑨ (나라에 내는 돈)
⑪ 돈이나 자원, 물건 등을 모아서 쌓아두는 것
⑬ 어떠한 일을 하는데 적절한 시기나 경우
⑭ 물건이나 서비스를 사서 사용하는 것 (예: 음식을 사 먹는 것)

47

특별 교실

저기요, 이제 그만해요!

다비드 칼리 글 | 줄리아 파스토리노 그림 | 엄혜숙 옮김 | 나무말미

어느 화창한 날, 작은 섬에 무언가가 떠밀려 왔어요. 인간 세계에서는 흔한 쓰레기였지요. 그러나 작은 섬의 주민들은 이 낯선 물건들이 어쩌면 쓸모도 있고, 보물일지도 모른다고 생각했어요. 작은 섬 주민들의 오해 속에서 시작된 이야기를 통해 환경문제에 대한 인식을 높일 수 있어요.

#섬 #쓰레기 #바다오염 #재활용 #재사용 #자연보전 #지구온난화

읽기 전에 생각해요
- (앞표지를 보고) 뭘 그만하라는 걸까요?
- 누구에게 그만하라고 이야기하는 걸까요?
- 섬에 가득 찬 것은 무엇인가요?

읽고 나서 질문해요
- 섬에 사는 친구들은 왜 라구 소스 통을 서로 가지려고 했을까요?
- 다른 섬에서 떠밀려 온 물건들을 어떻게 했나요?
- 우리가 버린 쓰레기가 다시 돌아왔을 때 기분은 어떨까요?
- 내가 기업가라면 지구 환경을 위한 제품으로 어떤 물건을 만들고 싶나요?
- 지구를 위해 내가 할 수 있는 일은 무엇이 있을까요?

읽고 나서 함께해요
- 저기요, 지구에게 초록을 심어 주세요!

함께 읽어 보면 좋은 책
- 『구름청소부』, 고현경 글·그림, 고래책방
- 『쓰레기는 우주에도 있다』, 강나래 글, 한미경 그림, 현암주니어
- 『소라게는 집이 필요해』, 샘 콜드웰 글, 릴리 머레이 그림, 신대리라 옮김, dodo
- 『우리 곧 사라져요』, 이예숙 글·그림, 노란상상

🌼 **똑똑 문해력 활동지**

저기요, 지구에게 초록을 심어주세요!
지구를 예쁘게 색칠 한 후 다짐 초록이를 심어보세요.

풀칠을 한 뒤 지구 뒷면에 붙여 주세요.

이름 **장승기**

점선따라 접은 뒤 지구를 세우는 지지대로 사용하세요.

저기요, 지구에게 초록을 심어주세요!

초록잎과 나무를 오려서 지구를 위한 다짐을 쓰고, 빗금 친 부분에 풀칠을 해서 지구에 붙여 주세요.

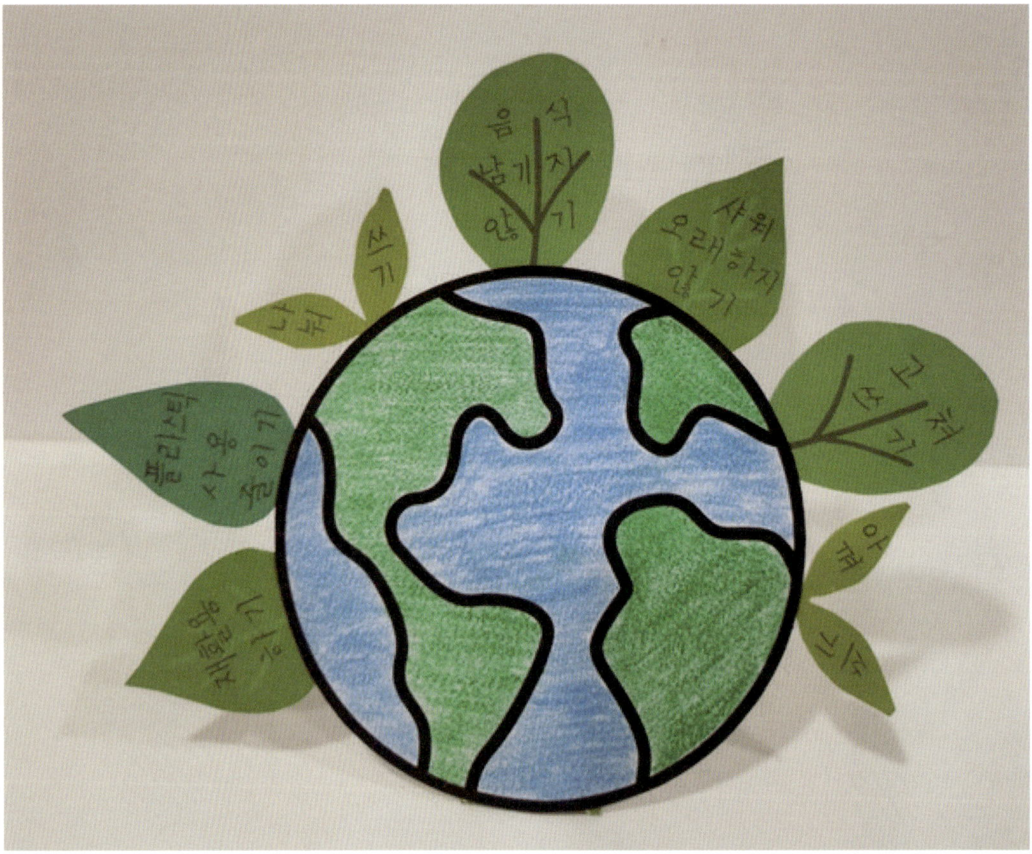
음식 남기지 않기
샤워 오래하지 않기
고쳐 쓰기
쓰기
나눠
플라스틱 사용 줄이기
재활용 하기
아껴
쓰기

장승기

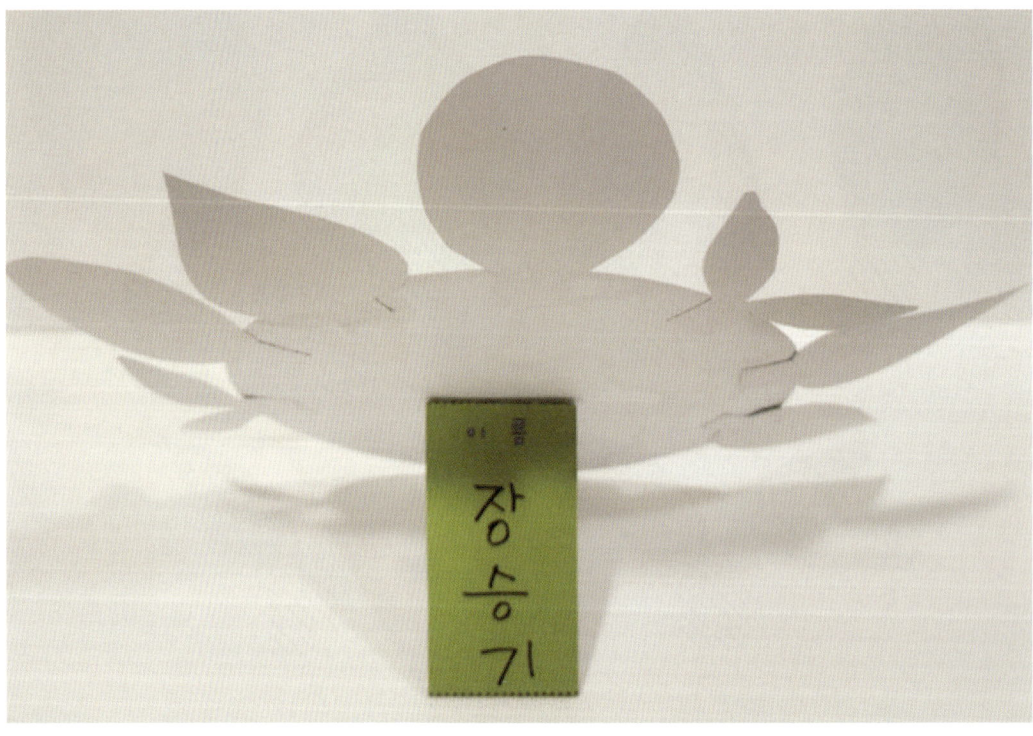

특별 교실

공룡 놀이공원 : 캬오오스! 초대합니다

야마시타 코헤이 글·그림 | 김정화 옮김 | 파스텔하우스

공룡을 좋아하는 친구들! 멋진 공룡들이 놀이기구가 되어 태워 주는 공룡 놀이공원이 있다면 가 보고 싶나요? 공룡 대관람차를 타고, 공룡 워터 슬라이드를 시원하게 내려오고, 공룡 롤러코스터로 스릴을 즐겨요. 공룡 디스코 팡팡과 공룡 귀신의 집은 어때요? 상상만 해도 꼭 가 보고 싶은 공룡 놀이공원에서의 하루! 책 속에 숨겨진 초대장을 받아 보세요.

#공룡 #놀이공원 #놀이기구 #초대장 #중생대 #친구

읽기 전에 생각해요
- (제목을 가리고) 공룡들이 무엇을 하고 있는 걸까요?
- 공룡 놀이공원은 어떤 모습일까요?
- 표지에 등장한 친구는 무엇을 하는 걸까요?

읽고 나서 질문해요
- 어떤 공룡 놀이기구가 등장했나요?
- 어떤 공룡 놀이기구를 제일 타고 싶나요?
- 내가 공룡 놀이공원의 초대장을 받는다면 어떤 기분일까요?
- 내가 공룡 놀이공원을 만든다면 어떤 공룡으로 놀이기구를 만들면 좋을까요?
- 내가 메갈로 원장이라면 친구들에게 어떤 초대장을 보내고 싶은가요?

읽고 나서 함께해요
- 내가 메갈로 원장이라면!

함께 읽어 보면 좋은 책
- 『끼리끼리 공룡 친구들』 나타샤 덜리 글·그림, 박진영 옮김, 보림
- 『공룡 챔피언』 바바라 타일러 글, 스티븐 콜린스 그림, 박진영 옮김, 토토북
- 『놀라운 공룡의 세계 시리즈』(총 3권), 박진영 글, 최유식 그림, 씨드북
- 『한입에 꿀꺽! 공룡 그림책』 에마뉘엘 브리예 글·그림, 이세진 옮김, 노란상상

🌼 똑똑 **문해력 활동지**

내가 메갈로 원장이라면!

내가 공룡 놀이 공원의 메갈로 원장이라면 친구들에게 어떤 초대장을 보내고 싶은지 생각해보세요.

초대합니다!
끼익 크아앙 놀이공원

풀칠 　 풀칠

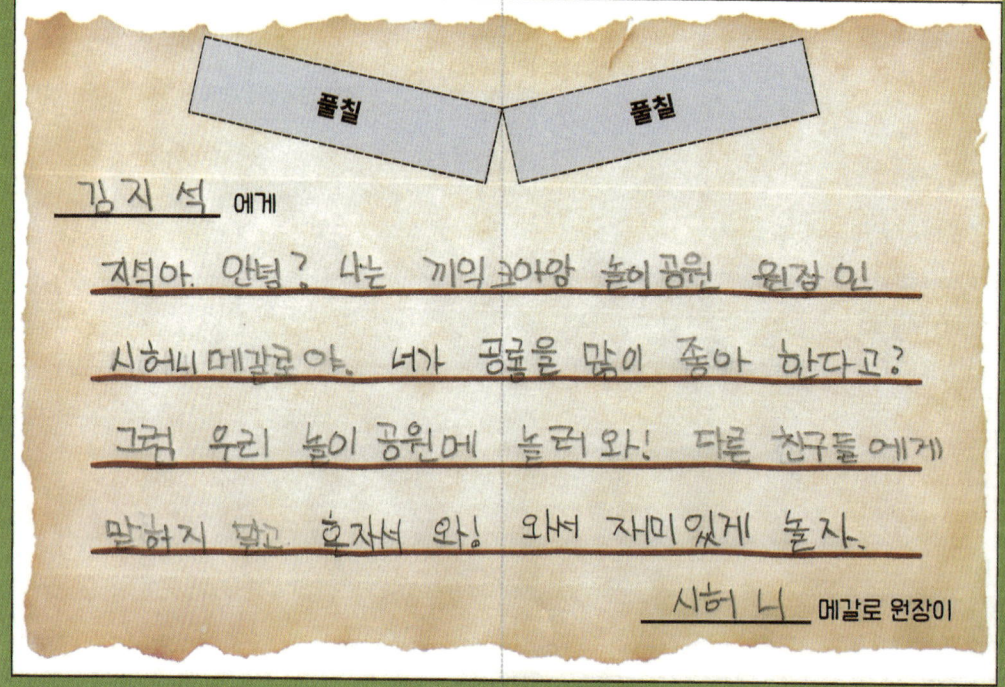

풀칠 　 풀칠

김지석 에게

지석아. 안녕? 나는 끼익 크아앙 놀이 공원 원장인 시허니 메갈로야. 너가 공룡을 많이 좋아 한다고? 그럼 우리 놀이 공원에 놀러 와! 다른 친구들에게 말하지 말고 혼자서 와! 와서 재미있게 놀자.

시허니 메갈로 원장이